"十三五"国家重点出版物出版规划项目

ECONOMICS

行为和实验经济学经典译丛

行为经济学高阶导论

约翰·F.托马尔（John F. Tomer） 著

贺京同 译

ADVANCED INTRODUCTION TO BEHAVIORAL ECONOMICS

U0911279

中国人民大学出版社
·北京·

行为和实验经济学经典译丛

编 委 会

叶　航　韦　森　王忠玉　刘凤良
周业安　韩立岩　于　泽　王湘红
唐寿宁　李　涛　吴卫星　陈彦斌
董志强　黄纯纯　那　艺　陈叶烽
赵文哲　江　艇　洪福海　宋紫峰
顾晓波　陈宇峰　何浩然　陆方文
杨晓兰　连洪泉　左聪颖

执行主编　汪丁丁　贺京同　周业安

策　　划　马学亮

总 序

经济学作为一门经世致用之学，从其诞生之日起，就与复杂的社会经济现实发生着持续的碰撞与融合，并不断实现着自我的内省与创新。尤其在进入 20 世纪后，经济学前期一百多年的发展，使得它此时已逐步具备了较为完整的逻辑体系和精湛的分析方法——一座宏伟而不失精妙的新古典经济学大厦灿然呈现于世人面前。这座美轮美奂的大厦，巧妙地构筑于经济理性与均衡分析两块假定基石之上，而经济学有赖于此，也正式步入了规范化的研究轨道，从而开创了它对现实世界进行解释与预测的新时代。

然而近几十年来，随着人类经济活动的日趋复杂与多样化，对经济世界认识的深化自然亦伴随其中，以新古典理论为核心的主流经济学正受到来自现实经济世界的各种冲击与挑战，并在对许多经济现象的分析上丧失了传统优势。这些“异象”的存在构成了对主流经济理论进行质疑的最初“标靶”。正是在这样的背景下，行为经济学应运而生，这也许是过去二十年内经济学领域最有意义的创新之一。

什么是行为经济学？人们往往喜欢从事物发展的本源来对其进行定义。行为经济学最初的产生动机是为了满足解释异象的目的，即从心理学中借用若干成熟结论和概念来增强经济理论的解释力。因而一种流行的观点认为，与主流经济学相比，行为经济学不过是在经济学中引入心理学基本原理后的边缘学科或分支流派。然而，行为经济学近年来的一系列进展似乎正在昭示它与心理学的关系并不像人们初始所理解的那样。如果把它简单地定位为区别于主流理论的所谓“心理学的经济学”，则与它内在的深刻变化不相对应。为了能够对它与主流经济学的关系做出科学准确的判断，首先必须了解它是如何解决主流经济学所无法解答的问题的。

主流经济理论丧失优势的原因在于，它所基于的理性选择假定暗示着决策个体或群体具有行为的同质性（homogeneity）。这种假定由于忽略了真实世界普遍存在的事物之间的差异特征和不同条件下认识的差异性，导致了主流理论的适用性大打折扣，这也是它不能将“异象”纳入解释范围的根本原因。为了解决这个根本性的问题，行为经济学在历经二十多年的发展后，已逐渐明晰了它对主流经济学进行解构与重组的基本方向，那就是把个体行为的异质性（heterogeneity）纳入经济学的分析框架，并将理性假定下个体行为的同质性作为异质性行为的一种特例情形，从而在不失主流经济学基本分析范式的前提下，增强其对新问题和新现象的解释与预测能力。那么，行为经济学究竟是怎样定义行为的异质性的？根据科林·F. 凯莫勒（Colin F. Camerer）2006 年发表于《科学》杂志上的一篇文章中的观点，我们认为，行为经济学通过长期的探索，已经逐渐把行为的异质性浓缩为两个基本假定：其一，认为个体是有限理性（bounded rationality）的；其二，认为个体不完全是利己主义（self-regarding）的，还具有一定的利他主义（other-regarding）。前者是指，个体可能无法对外部事件与他人行为形成完全正确的信念，或可能无法做出与信念相一致的正确选择，而这将导致不同的个体或群体会形成异质的外部信念和行动；后者是指，个体在一定程度上会对他人的行为与行为结果进行评估，这意味着不同的个体或群体会对他人行为产生异质的价值判断。在这两个基本假定下，异质性行为可较好地被融入经济分析体系之中。但是，任何基本假定都不可能是无本之木，它必须具有一定的客观理论支持，而心理学恰恰为行为经济学实现其异质性行为分析提供了这种理论跳板。这里还要说明一点，心理学的成果是揭示异质经济行为较为成熟的理论与工具，但不是唯一的，我们也注意到神经科学、生态学等对经济学的渗透。

经济学家对行为心理的关注由来已久，早在斯密时代，就已注意到了人类心理在经济学研究中的重要性。在其《道德情操论》中，斯密描述了个体行为的心理学渊源，并且展示了对人类心理学的深刻思考。然而，其后的经济学研究虽然也宣称其理论对心理学存在依赖关系，但其对心理学原则的遵从却逐渐浓缩为抽象的经济理性，这就把所有个体都看成了具有同质心理特征的研究对象。而实际上心理学对人类异质心理的研究成果却更应是对经济行为异质性的良好佐证。因此，我们所看到的将心理学原理纳入经济学分析的现状，实际上是对开展异质经济行为分析的诉求。但需要留意的是，经济学对心理学更多的是思想性的借鉴，而不是对其理论的机械移植，并且经济学家也正不断淡化着行为经济理论的心理学色彩，因此不能简单地将行为经济学视为主流经济学与心理学的结合形式，也不能将行为经济学打上心理学的“标签”。心理学的引入不是目的，只是手段，它自始至终都是为主流经济学不断实现自我创新服务的。

我们还想着重强调的一点是，行为经济学对心理学原则的引入和采用与实验经济学的兴起和发展密不可分。在行为经济学的早期研究中，来自心理学的实验方法扮演了十分重要的角色，许多重大的理论发现均得益于对心理学实验的借鉴，甚至许多行为经济学家如丹尼尔·卡尼曼（Daniel Kahneman）等人本身就是心理学家。然而，实验经济学与行为经济学在范畴上有着根本性的不同之处。乔治·洛文斯坦（George

Loewenstein）认为，行为经济学家是方法论上的折中学派，他们并不强调基本研究工具的重要性，而是强调得自这些工具的研究成果在经济学上的应用。而实验经济学家却更强调对实验方法作为分析工具的认可和使用。类似于计量经济学可理解为经济计量学，实验经济学也可理解为经济实验学，它是经济学实验方法的总称，并且是行为经济学的重要实证基础来源。只有当来自实验经济学的实验结果被凝练为行为经济理论，才完成了经济研究从实验层面向理论层面的抽象与升华。与行为经济学相比，实验经济学似乎更接近经济学与心理学之间的边缘学科，它具有更为浓厚的工具性色彩。

现在，我们可以初步对行为经济学与主流经济学的相对关系做一评判了。纵观行为经济学的发展简史和其近年来的前沿动态，我们大胆地认为，近二十年来逐渐兴起的行为经济学不是区别于主流经济学的分支流派，而是对主流经济学的历史顺承与演进，是主流经济学在 21 世纪的前沿发展理论。行为经济学的产生、发展乃至日益成熟，正体现了它对主流经济学从内涵到外延上所作的量变调整与质变突破——它通过借鉴心理学的相关理论，并从实验经济学中获取实证支持，而将个体的异质性行为纳入了经济学的理论体系并涵盖了以往的同质性分析。同时，这也意味着行为经济学并未把主流经济学排除于它的理论体系之外而否定其理论逻辑，而是使主流经济理论退化为它的特例情形。故而凯莫勒曾畅言：“行为经济学最终将不再需要‘行为’一词的修饰。”然而，这并不意味着主流经济学将会退出历史舞台。事实上，新古典理论仍然是行为经济学重要的理论基础来源和方法论来源。以新古典理论为核心的主流经济学作为更广范畴下的行为经济学的一个特例，将成为经济学研究不可或缺的参照理论。

鉴于行为与实验经济学近年在国外的迅猛发展及其对经济学科的重要意义，以及国内该领域相对滞后的研究现状，我们为国内读者献上了这套经过慎重选译的丛书。这套丛书囊括了近年来国外长期从事行为与实验经济学研究的学者的主要论著，读者从中既可了解到行为经济学各种思想发端和演进的历史踪迹，又可获得翔实丰富的实验方法论述及其成果介绍。同时，我们还专门为读者遴选了一些反映行为与实验经济学最新前沿动态的著作——这些著作涉及了宏观经济学、微观经济学、金融学、博弈论、劳动经济学、制度经济学、产业组织理论等领域。它们由于经受验证的时间较短，也许并不成熟完善，但能使我们的研究视野更具有前瞻性。我们衷心地希望海内外读者同仁能够不吝赐教，惠荐佳作，以使得我们的出版工作臻于完善。

贺京同　汪丁丁　周业安

2009 年仲夏

译者序

《行为经济学高阶导论》是一本不可多得的，全面、系统地介绍行为经济学的著作。本书之所以冠以“高阶”是因为其涵盖了广义的行为经济学的体系与内容，其不限于狭义的行为经济学——行为微观经济学内容，还包括行为宏观经济学、行为金融学、行为公共经济学、法和行为经济学、神经经济学等内容；称其为“导论”是因为书中对上述宏大的、不断发展的内容，以简明扼要的形式对其基本理论、观点、发展趋势进行了“有益而紧凑”的介绍和讨论，并在各个专题下辅之以精炼的参考文献，以引导读者深入思考与发掘。

有关行为经济学在经济学中的地位和它的体系结构等，一直以来都是开放的议题，其中，行为经济学与新古典经济学的关系、行为经济学与实验经济学的异同等最具代表性。本书亦试图从作者视角阐释这些问题，无独有偶，其观点与译者在此方面的研究心得颇为相近，如认同

“行为经济学是新古典经济学的继承与发展”（见《行为经济学的兴起及其与新古典经济学关系的演变》，《中国社会科学》，2019年第5期）；另一个是关于行为经济学与实验经济学之关系问题，亦可参见拙文《行为经济学与实验经济学的学术分野》（《经济学动态》，2019年第7期），其中的观点对于理解书中的“行为经济学的经验方法”（第10章）应当是有所助益的。

参与本书翻译工作的还有博士生杨仲舒、高山和汪震。虽然我们付出了艰辛的努力，但因才识有限，翻译过程中难免存在一些不当甚至错误之处，敬请读者谅解并指正。

本书的翻译得到了教育部人文社会科学研究规划基金项目（项目批准号：19YJA790025）、国家社科基金重大项目（项目批准号：12&ZD088）以及中国特色社会主义经济建设协同创新中心的大力支持，在此致以谢忱。

贺京同

缩写词表

BDM，behavioral decision making，行为决策

BDR，behavioral decision research，行为决策研究

BE，behavioral economics，行为经济学

BEs，behavioral economists，行为经济学家

BF，behavioral finance，行为金融学

BIT，Behavioural Insights Team，行为洞察队

BR，bounded rationality，有限理性

DF，discount factors，贴现因子

DMT，dual motive theory，双重动机理论

DU，discounted utility，贴现效用

EE，experimental economics，实验经济学

EEG，electro-encephalogram，脑电图

EMH，efficient market hypothesis，有效市场假说

ENE，early neoclassical economics，早期的新古典经济学

ET，evolutionary theory，进化理论

fMRI，functional magnetic resonance imaging，功能性磁共振成像

H&B，heuristics and biases，直觉推断和偏见

MTurk，Amazon Mechanical Turk，土耳其机械（网站）

NC，new classical economics，新兴古典经济学

NE，neoclassical economics，新古典经济学

NEs，neoclassical economists，新古典经济学家

P/E，price to earnings，市盈率

PE，psychological economics，心理经济学

PET，positron emission tomography，正电子发射断层扫描

PT，prospect theory，前景理论

SEU，subjective expected utility，主观期望效用

SMT，Save More Tomorrow，为明天储蓄更多

TMS，transcranial magnetic stimulation，经颅磁刺激

UG，ultimatum game，最后通牒博弈

XE，X-efficiency，X效率理论

目　录

第1章 导论

经济学是一门科学、一门社会科学。作为一门科学，几十年来它的 1
职能一直饱受争议。新古典经济学（newclassical economics，NE）在六十多年里一直是经济学的主要范式。新古典经济学的核心是：(1) 假设人是理性的并且追求个人福利的最大化；(2) 经济行为的议题可以很好地利用数学模型进行描述，并不需要应用心理学和其他社会科学。行为经济学（behavioral economics，BE）在20世纪50年代开始崭露头角，对新古典经济学的核心信条提出质疑。行为经济学试图重塑经济科学，为人类行为建立更为现实的概念体系。此外，许多行为经济学家正致力于从研究方法上重塑经济学，他们正在探求的研究方法试图摆脱新古典经济学的狭隘、死板和机械。自20世纪50年代直至70年代，行为经济学的拥护者寥寥可数，但是，随着行为经济学理论和方法突飞猛进地发展，行为经济学家的阵营早已不可同日而语了。其发展壮大的原因在于越来越多的经济学家意识到，行为经济学的科学的研究方法迥异于新古典经济学，并且由于行为经济学将心理学和其他社会科学的重要观点与合理的经济学原理相结合，对于经济行为的解释更加贴近现实。近年来，行为经济学大放异彩，备受推崇，获得了大批拥趸。值得注意的是，由于获得诺贝尔经济学奖的行为经济学家的数量不断增多，行为经济学变得众所周知。与此同时，越来越多的经济学家开始认识到，新古典经济学的模型无法解释人类行为的诸多重要方面。在另一层面上，当前许多优秀的年轻经济学家意识到，在他们的理论模型中，结合不同的行为的观点是有价值的，这些观点并不仅限于心理学领域。同时，经济学中越来越多的经验研究采取了行为经济学家和实验经济学家所开创的方法。

2 而今，如果你是一名经济学的研究者、教师、学生，或者经济研究成果的使用者，你需要知晓行为经济学。即便你不是一名行为经济学的专家，了解它也十分必要。如果不具备足够的行为经济学知识，除非你已然掌握行为经济学中最重要的理论和观点，否则你将处于不利地位。换句话说，在当今社会，你需要具备行为经济学常识。如果你想要培养自己的行为经济学素养，我相信这本书正是你所需。这本书力图简明扼要地阐释行为经济学的主流趋势以及最新进展。如果读完本书后，你能够对于行为经济学形成合理认知，那就为你继续从教科书、文献、研究论文和专著中获得更多的行为经济学知识奠定了基础，同时也会让你更易于对行为经济学现象进行更有见解的讨论。因此，这本书主要面向高年级本科生、研究生、政府的政策制定者，以及其他涉猎经济学相关问题的专业人士。

在此，我要感谢在我写作这本书时给予我莫大帮助的两个人：其中一个是成长于新泽西州海兰帕克，现居于萨克拉门托，20 世纪 50 年代和 60 年代都是我家近邻的 Len Marowitz。Len 并非一名经济学家，但他仔细阅读了本书的每一个章节，并提出了富有真知灼见的评论。我一直期待着把我写好的章节寄给他，希望在下一章开始之前得到他的回复。另一个是邀请我写这本书的爱德华埃尔加出版公司（Edward Elgar Publishing

Company）的执行编辑 Alan Sturmer，我非常感谢他对某些章节的建议、对我的鼓励，以及给予我与他讨论爱德华埃尔加高阶导论丛书（Edward Elgar's Advanced Introduction book series）和其他出版事宜的机会。

第2章　经济学的科学实践与行为经济学的出现

经济学是一门科学

3 为了充分理解行为经济学，有必要将行为经济学放在一定背景下并从基础开始理解。经济学当然是一门科学、一门社会科学。正如约翰·斯图亚特·穆勒［John Stuart Mill（1874）［1968］，pp. 120－121］所说，科学是由在某些常规领域追求真理的人创造的知识体系。在该领域的科学家通过研究相关现象来发现一般规律。只有通过细心的观察与分析并进行一定程度的抽象化，才能发现其中的真理。众所周知，经济研究是寻求关于生产、分配、消费、财富积累等相关方面的普遍真理。经济学特别关注在执行上述方面的任务时，经济系统功能表现的优劣。经济学也关注经济系统在出现问题时如何修复。

科学实践与被认为是主流的科学实践都会随着时间的积累而发生变

化，当然，这种变化在经济学中也是存在的。但值得注意的是，经济学中的科学实践所发生的重大变化是相对较少的。根据迈克尔·曼德勒[Michael Mandler，1999，p. 3，引自 Angner and Loewenstein（2007，p. 4）] 所说，现代经济学史应当分为三个主要的时期：古典主义经济学、早期的新古典主义经济学和战后的新古典主义经济学（或者简称为新古典主义经济学）。历史学家将 1776—1890 年确定为古典经济学时期，将 1890 年至 20 世纪 30 年代确定为早期新古典主义时期，将 20 世纪 40 年代至今确定为新古典经济学时期。经济学家的科学实践发生重大变化，通常发生在一个时期向另一个时期过渡的阶段。接下来的章节将会说明这些不同时期的科学实践是如何发生变化的。

范式与科学革命

托马斯·库恩（Thomas Kuhn）的《科学革命的结构》（*The Structure of Scientific Revolutions*，1970）对科学实践中随着时间的推移而发 4
生的根本性变化，给出了非常重要的观点和解释。一种观点认为，科学变革涉及科学知识逐渐接近真相的长期过程。与此相对，库恩认为科学是一个充满活力和创造性的过程（Preston，2008，p. 5）。因此，在历史上的某些时候，科学发生了根本性的变化，这些改变不仅仅是在原有的框架上加入一些新的知识和信息，或者是纠正一些已存在的错误。这种巨大的概念性的变化会导致科学家对他们的科学实践进行不同程度的思考。库恩所谓的科学革命（pp. 2 - 3）就是这种巨大的变化。

范式的概念是库恩分析科学革命的关键。有许多相关的含义使得范式的概念十分复杂。一方面，范式是指科学家如何在给定的时间阶段进行科学工作。这也是科学家启蒙者所传授的科学模型，是科学实践的典范（Preston，2008，p. 23）。进一步说，范式意味着与当时公认的科学思想相一致的科学方法（一个学科基质）。范式也是“一个给定的科学界团体所共享的所有信仰、价值观、技术等”（p. 23）。范式分享着象征性的一般化、模型和类比、美德和价值观，以及形而上学的原则（p. 39）。虽然范式在一定程度上可以被认为是一个概念模型，但是，它在很大程度上是无法被表达的；科学家是通过模型而不是明确的指令来学习范式的（pp. 35 - 36）。范式与科学默认或者潜意识方面有很大的关系。

根据库恩的说法，在早期的科学研究中，有一个还没有达成统一观点的前范式时期。然后在某个时间点，例如，研究人员在解释先前令人费解的行为现象时取得了重要的突破，从而一个新的研究范式就又能应运而生（Preston，2008，p. 11）。这时候，其他的研究人员可能会在最初成功实践的基础上开展他们的科学活动。根据新的研究范式开展的科学活动称为规范科学。理想情况下，新的研究范式足够重要且能吸引一
5 批持久的追随者，但是，同时也应足够开放才能激励进一步的重要研究（p. 21）。出自规范科学实践的范式通常反映了“成熟科学的一种共识特征”（p. 7）。

在此之后，如果研究人员的发现涉及与现有范式的理论和实践显著不相符的结果时，就会出现问题。这种发现被称为异象。异象的持续可能转化成“危机”，在这种情况下，原先占据统治地位的范式开始失去它本身的中心地位和控制力（Preston，2008，p. 11）。最终，这种危机可能会严重破坏现存的范式。根据范恩的说法：科学家们并不一定会因为这些问题而放弃现有的范式（p. 48），而是只有当一些更有吸引力的范式出现后，才会放弃原有的范式（p. 48）。换句话说，科学革命只能发生在许多科学家采纳了竞争对手大体上优越的范式时。在范式转变时期，认可新范式的人与仍然坚持旧范式的人的关系可能十分对立。

正如本书将要说明的那样，行为经济学的科学实践与新古典经济学的科学实践截然不同。所以，近几十年出现的关于行为经济学的研究就变得至关重要了。根据库恩关于科学革命的观点，我们自然而然要问：行为经济学是否可以作为一种范式？是不是一种更为优秀的范式？行为

经济学的范式是否有可能取代新古典范式，并且成为引导一个新规范科学的新的公认范式？但可惜的是，到目前为止，在这方面还没有达成共识。阿米塔伊·埃齐奥尼（Amitai Etzioni，2011）谨慎地阐述了他的观点，即认为行为经济学至少在微观经济学领域有取代新古典经济学成为新经济学范式的可能性。布泽奇卡和维希涅夫斯基（Brzezicka and Wisniewski，2014，pp. 360－361）讨论了行为经济学成为主流新范式的可能性。桑特海默尔（Sontheimer，2006，p. 237）认为："行为微观经济学到目前为止还不能构成一种范式转变。"安格纳和洛文斯坦（Angner and Loewenstein，2007，p. 1）认为，"近年来，行为经济学已经成为经济学的一个真正的学科分支，并且与新古典经济学背道而驰。"本书的一个重要目的是根据从亚当·斯密以来的经济学家关于科学实践的长期变革来仔细考察行为经济学。本书同时审查了行为经济学的优缺点。在此基础上，读者可以就行为经济学是否正在成为或者有可能成为一种被全面认可且成功的研究范式形成自己的观点。

多年以来的经济学与心理学

为了了解行为经济学并判断行为经济学能否被称为下一个经济学范 6
式，有必要简要地考虑一些经济学的科学实践的主要元素，以及这些元素从古典经济学时期跨越到新古典经济学时期所发生的变化。因为行为经济学的一个重要特征是将心理学的见解与经济学理论相结合，因此，考虑经济学与心理学的关系多年来是如何变化的，就显得尤为重要了。

首先，让我们来回顾一下古典经济学时期两位重要的经济学思想家亚当·斯密和杰里米·边沁（Jeremy Bentham）关于心理学方面的见解和观点。亚当·斯密被认为是世界上第一位全面发展的经济学家。他也是古典经济学时期最重要的经济思想家和作家。因此，他对人性的思考和看法就显得十分重要了。从他的两本书《国富论》[*The Wealth of*

Nations）[1776]（1976）] 和《道德情操论》[*The Theory of Moral Sentiments*）[1759]（2002）] 中可以明显地看出，亚当·斯密对人性有着广泛、多面且相对复杂的观点（Gilad and Kaish，1986，p. xvii；Angner and Loewenstein，2007，pp. 4－6）。虽然斯密的《国富论》（1976）被人们所熟知的是通过利己来指导经济行为，但是，斯密也同样写了人们如何对别人的福利感兴趣，以及人们如何认为别人的幸福对他们是必要的（Smith，2002，p. 11）。进一步说：

> 斯密的经济人……是一个具有时间感、忠诚和明确了解自己作为社会集体中的一部分的人。斯密的经济人需要有自己做出决定的勇气和接受决定后果的担当。这种担当被理解为与自爱和同情的双重原则相一致，因为这些都被合并于斯密的运算之中。简而言之，按照现代的说法，斯密最大化自利的人，同时还允许有道德和社会情感的一面，甚至有利他主义表现的存在。（Perlman and McCann，1998，p. 239）

因此，如果对斯密的著作进行仔细研读，会发现他"对人类行为的心理基础很感兴趣"（Angner and Loewenstein，2007，p. 6）。此外，阿什拉夫、卡默勒和洛文斯坦（Ashraf，Camerer，and Loewenstein，
7 2005，p. 140）认为斯密的著作承载了预见到行为经济学最近的发展，以及行为经济学未来十分可能的发展趋势的深刻见解。

另一位古典经济思想家杰里米·边沁在心理学方面也颇有建树。他发展了享乐主义和功利主义哲学。根据享乐主义原则，人们有去获得快乐并避免痛苦的动力（Landreth and Colander，2002，pp. 69－70；Canterbery，2001，pp. 69－70）。快乐与幸福有关系，并对个人和社会都有益。痛苦显然是不受欢迎的，且导致了令人不愉快的结局。根据边沁的功利主义哲学，个人应该自私地寻求获得快乐和幸福的最大可能性，政府的政策应旨在为更多的人获得更大的幸福。许多其他古典经济思想家，比如约翰·斯图亚特·穆勒，都部分接受功利主义，但是，他们认为这种哲学过于教条化和狭隘，并且不能反映人类行为的更高层面

(Landreth and Colander，2002，p. 169)。还应当指出的是，与新古典经济学家不同，古典经济学家相对能够接受精神状态和其他不可观测事物方面的文字；他们频繁提及认知和情感状态（Angner and Loewenstein，2007，p. 4)。

早期新古典经济学时期的经济学家执着于仔细的微观经济学分析，使得他们的研究与古典经济学家的研究十分不同。然而，他们也是毫不掩饰的功利主义者（Angner and Loewenstein，2007，p. 7)。威廉·斯坦利·杰文斯就是这样一位早期新古典经济学家，他明确地将他的经济学建立在享乐心理学基础之上（p. 6)。根据杰文斯所说："快乐与痛苦无疑是经济学的微积分之终极目标：以最小的努力满足我们最大的需求……换句话说，经济学的问题就是如何使快乐最大化"[Jevons，1871 [1965]，p. 37]。早期的新古典经济学家分析的焦点是效用，这"与增强人们的幸福感是一致的"（p. 45)。在他们的分析中，对不同的意识体验对应多少效用，他们严重依赖于内省（Angner and Loewenstein，2007，p. 8)。以他们的观点看来，人们的理性行为是在权衡了不同行为带来的快乐和痛苦的基础之上，找到了快乐与痛苦的最佳平衡点（p. 7)。然而，根据早期新古典经济学家的观点，如果人们不能正确地预测他们现在和将来的行为所产生的效用，他们的行为可能是非理 8
性的（p. 8)。

战后新古典经济学或简称新古典经济学出现于 20 世纪 30 年代，并在 20 世纪 50 年代蓬勃发展。新古典经济学家们有强烈的愿望想把经济学变成类似于物理学这样自然科学的完全现代化科学（Camerer and Loewenstein，2004，p. 5)。因此，新古典经济学家想要改善经济学的科学实践。特别是，他们认为经济学应该只关注行为（从而避免引用诸如信念、欲望、计划和意图这类不可观测信息）（Angner and Loewenstein，2007，p. 9)。他们想提高经济学的预测能力，因此，他们拒绝使用涉及意识状态的内省。他们也不认同经济学与心理学的联系，尤其是早期新古典主义经济学与边沁的享乐主义心理学的联系。最终，新古典经济学家认为几乎可以完全摆脱与心理学有联系的所有经济学问题(p.10)。因此，新古典经济学基本上变成了单一的学科，并向更广泛的理论迈进（pp.11－13)。在缺乏心理学和其他社会科学学科的影响下，新古典经济学家将人们的经济行为描述为理性的、最优化和最大化的。“新古典经济学家……坚定认为［人们的］偏离理性最大化的概率是很小的或者对于整个系统来说是微不足道的”(Angner，2012，p.4)。在新古典经济学的视野中，人们不止渴望是理性的，而且他们的行为也总是理性的。

心理学和行为经济学的出现

根据安格纳和洛文斯坦（Angner and Loewenstein，2007，p.3)所说，行为经济学出现在战后反对新古典经济学的浪潮中。为什么呢？一个很重要的原因是新古典经济学缺乏与心理学和其他社会科学的联系。由于对新古典经济学最优决策假设和缺乏学科之间联系的异议，非主流经济学家（包括行为经济学）对新古典经济学缺乏行为考虑持批评态度。对于那些高度重视社会学科统一或者至少在不同社会学科之间应当存在可行性联系的人来说，新古典经济学与其他社会科学之间缺乏联系尤其令人遗憾。此外，对于新古典经济学持批评态度的人发现了越来
9 越多违背完全理性假设的异象，从而认为人类的经济行为不可能是完全理性的（例如，参见 Thaler，1992)。赫伯特·西蒙（Herbert Simon)以早期关注新古典经济学的理性假设不符合实际而闻名。西蒙认为(Simon，1987，p.221)，新古典经济学关于人类行为的假设缺乏经验有效性。他认为，行为经济学家的任务就是发现能够正确或尽可能准确地描述行为的经验法则，并根据实证检验来修正经济理论。通常来说，行为经济学理论因为借鉴了心理学和社会学的知识，所以比新古典经济学理论更加现实。行为经济学将心理学与经济学整合在一起的具体方法

以及用到哪些心理学理论将会在后面的部分进行阐述。

科学方法和行为经济学的出现

新古典经济学的科学方法

行为经济学出现的另一个重要原因与新古典经济学家所运用的科学方法有关。新古典经济学的科学方法在很大程度上借鉴了现代科学哲学的戒律，尤其是用物理图像的方法寻求普遍真理的观点。此外，新古典经济学完全接受“拒绝形而上学和无法证明的陈述作为科学知识的有效性的实证主义哲学……［并］将人类感知的经验作为科学知识的来源”（Arzlan，2003，p. 6）。“实证主义科学强调假设检验和实验的可观察性、数字性和世界是非隐性的。此外，它严格拒绝以下三个方面：（1）定性和非物质方面，（2）来自内省的见解，（3）历史和文化方面”（Tomer，2007，p. 464）。像新古典经济学这样的实证科学强调了演绎推理、静态均衡过程、高度的数学分析、形式化的数学模型、高级统计决策理论的运用，以及建立简洁和精致的模型（Simon，1992，p. 358）。还应当指出的是，新古典经济学也是在不断改进中发展的。根据兰德雷斯和科兰德（Landreth and Colander，2002，pp. 382 - 383）所说，近年来新古典经济学的改进在于，所有的问题都需要通过建立数学模型来解决……现代新古典经济学似乎常常认为概念如果不能转化为数学模型，我们就必须抛弃这个概念。

行为经济学家对新古典经济学的批评

行为经济学家们（包括许多其他的非主流经济学家）对新古典经济 *10*
学的科学方法持批评态度。一些行为经济学家拒绝新古典经济学的大部分方法，而另一些行为经济学家只是批评其中一些实证主义的方法。毫无疑问，许多行为经济学家都同意迪尔德丽·麦克洛斯基（Deirdre McCloskey，1964，p. 64）的观点，即经济学方法需要更广泛、更好的科学定义。新古典经济学的问题在于过于依赖特定形式的实证主义。这反映在考德威尔（Caldwell，1982，pp. 89－92）的观点中，他认为，实证主义者关于他们的“拒绝允许主观的、定性的因素……这种拒绝造成了他们的分析［已经］受到人为的限制，并且在他们的科学描述中造成了缝隙”过于教条化。在考德威尔看来，实证主义对于科学客观方面的痴迷，使他们错过了美丽而复杂故事的另一半。本质上，新古典主义的科学方法问题在于，“新古典经济学家以几乎非理性的热情做出客观、冷静的评价”（p. 89）。正如麦克洛斯基（McCloskey，1994，p. 5）所指出的，新古典经济学的实证主义已成为“一种压迫而非自由的力量”。许多行为经济学家可能会认同麦克洛斯基（McCloskey，1994，pp. 192－193）的观点，即学问是一个复杂的事情，并且没有什么简单的科学方法来定义这个事情是不是学问。麦克洛斯基强调好的科学应该具有良好交流的本质。科学家们能够试图说服其他同行科学家关于他们主张的相对真实性。因此，包括经济学家在内的所有科学家在试图说服别人时，都应该使用的不仅仅是事实和逻辑，也应该使用作为完整的人类推理的故事和隐喻（pp. 61－62）。换句话说，没有一个简短而严格的方法清单来营造好科学（Tomer，2007，p. 464）。

让我们考察一下行为经济学家对新古典经济学的研究方法、科学学科的观念以及新古典经济学对其他学派经济学的行为的独到的批评。行为经济学对新古典经济学的批评主要有（1）狭隘性，（2）刚性，（3）非包容性，（4）机械性，（5）分离性，和（6）利己主义。任何学科在这六个维度都可以去进行评估和比较。例如，新古典经济学、行为经济学和行为经济学特定的分支在狭隘性维度上可能按照高、中、低进行排序。在更加详细介绍前，我们有必要对这些维度进行定义。

定义关键比较维度

当一个经济学学科约束了其方法和（或者）其实质探究的范围时，狭隘性就会出现。当这些限制严重时，经济学科将被认为是狭隘的或者

狭隘性较高。当实证主义占主流时，经济学就会变得狭隘。这是因为，11
实证主义排除了非定量和科学发现的文学方法。如果在学科中只使用数学框架中的严格可证明假设，那么实证的狭隘性就会很高。实证主义的另一个狭隘特征是将诸如非定量数据、作者收集的数据和观测值、调查的数据排除在外的经验主义方法……［更不用说使用］故事和隐喻了。……其他能够导致学科带有较高狭隘性的因素……包括（1）一门学科盲目地接受几个核心命题，而这些核心命题是被排除在理论和实证考察之外的……（2）对所调查问题类型的限制使得狭隘性很高……涉及历史和制度或者包含哲学和价值观的问题……被排除在外。当经济学科使用形式化数学模型而排除其他方法时，狭隘性也会变得很高。

刚性不同于狭隘性，因为它意味着不易弯曲的、僵硬的、坚硬的和不会偏离。如果一个经济学科的刚性程度高，这通常意味着对某种狭隘形式的强烈附着（可能是一种非理性的附着）。如此高的刚性意味着学科所使用的方法缺乏务实和灵活的能力。相反，低刚性的学科能够根据调查所涉及的类型轻松地调整其方法（Tomer，2007，p. 465）。

非包容性是指对不符合自己学科规定的科学工作持不服从的态度。学科的高度不容忍性是指那些思想不开放的从业者，对其他经济学科的方法表现得较为傲慢和敌视。有较高容忍度的学科相对能够接受其他学科方法的从业者。

机械性是指经济当中的行为人的表现被该学科视为机械化的程度。机械性强的学科是那些从业者倾向于把经济学看作一台复杂的机器，并倾向于使用像机器一样的隐喻和概念，比如，均衡概念。机械性低的学科从业者倾向于将经济看作一个有机的、整体的、不断演变的人类的实体。

分离性是指经济学科与其他非经济学科，特别是社会科学学科没有 12
紧密的联系或者整合在一起的程度。高度分离的学科是一个相对独立的学科，因此，与其他学科相分离。强调跨学科交流的学科在分离性上程度较低。

利己主义意味个人是整个社会的最终组成部分。一门学科的利己主义是指所有的行为和事件最终都能理解为源于个人的行为特征。高利己主义学科的解释总能聚焦于个人决策行为。低利己主义学科更多地考虑个体作为集体的一部分以及整个社会和群体的行为动机（Tomer，2007，p. 466）。

比较得出的结论

为了利用这六个维度对新古典经济学和行为经济学进行比较，有必要从专家那里得到关于学科优秀与否的判断。在托马尔（Tomer，2007，pp. 467－476）的报告中，我找到了这种比较的结果。新古典经济学（也称为主流经济学）的结论十分清晰。在这六个维度（狭隘性、刚性、非包容性、机械性、分离性和利己主义）上，新古典经济学都被评为高（p. 476）。相较于新古典经济学，行为经济学的八个分支（后面章节将会详细介绍）在这六个维度，即狭隘性、刚性、非包容性、机械性、分离性和利己主义上，通常评分低得多。一些行为经济学分支在这六个维度上评分都比较低，而另外一些分支在某些维度上取均值，即与其他行为经济学分支的取值相比，它们更加接近于新古典经济学的取值（p. 476）。总的来说，有证据表明，行为经济学与新古典经济学相比较有以下几个特点，（1）实证主义减弱［根据吉拉德和凯盛（Gilad and Kaish，1986，pp. 3，13）标榜的实证主义］；（2）与新古典经济学明显不同；（3）相比于新古典经济学，行为经济学与其他社会科学学科联系更紧密。换句话说，在开展科学实践方面，行为经济学可能比新古典经济学更好。

综上所述，也就不难理解行为经济学出现的动机和为什么行为经济学对新古典主义经济学持批评态度。对于新古典经济学中许多有异议的地方，行为经济学有足够的理由进行批评。尽管行为经济学有多达八个分支，但这八个分支都在很大程度上对新古典经济学进行了类似的批评。值得注意的是，行为经济学并不是经济学的一个领域，或者一种特定的经济理论、一个理论框架或概念（Gilad and Kaish，1986，pp. xviii－xix；Angner and Loewenstein，2007，p. 22）。行为经济学涉及从事经济学 13
的方法，这是实践经济学科学的另一种方式，它并不涉及意识形态。在理念上，行为经济学的科学工作方式与新古典经济学截然不同，但与早期的经济学传统存在联系。

行为经济学的分支

“分支”这个单词是思考行为经济学不同传统学术的正确选择。分支是形成一个整体（如一根绳子）的一部分。行为经济学是由一系列分支和一些不适合归纳入这些分支的个人实践者组成的。因为这些行为经济学分支有足够多的共性，所以它们形成了一个整体。尽管在上面的比较研究中提到了八个分支，但我们在接下来的章节中只简要地介绍其中的六个分支。每个分支都是在对新古典经济学批判的基础上诞生的。

赫伯特·西蒙和有限理性

这部分描述赫伯特·西蒙的行为经济学以及其追随者的足迹。西蒙最主要的研究聚焦于决策是理性和自利的程度。西蒙提出，“对新古典经济学中关于人的行为假设进行经验检验，并根据检验过程中发现的问题对经济理论进行修正”（Simon，1987，p. 221）。他试图用更加准确的假设取代新古典经济学的动机假设。他的术语“有限理性”涉及人们知识和能力的有限性，以及人们面对的现实世界状况的复杂性和不确定性（p. 222）。这些因素阻碍了现实世界的经济决策者按照新古典经济学的理性人假说而做出决定。由于有限理性，人们必须在现实世界的决策中学会如何通过发现新的数据并调整期望值来简化决策过程，并解决不确定性等问题。换句话说，人们必须找到并不是最优，而是已经足够好的决策和行为方式（Simon，1992，p. 368）。

尽管西蒙并不反对使用数学工具，但他却很少使用，而且他不会拘泥于形式主义模型的使用（Augier，2003，p. 2）。根据西蒙的说法，“我关于数学和精确的态度是完全务实的：没有什么比一个论点更需要正
14 式的表达，因为论点需要正式地且有技术性地呈现出来，以清晰地表述问题和观点”［引自 Augier and March（2003，p. 138）］。

西蒙清晰地感知到新古典经济学家的不容忍态度，因为他就是他们所不能容忍的对象。据西蒙说，“正是在这段时间里，我开始意识到［新古典］经济学家们对有限理性的强烈反应……他们并没有以经验论据来处理这个问题，而是简单地拒绝它”［引自 Augier（2003，p. 11）］。虽然西蒙并不认同新古典经济学家们的偏狭，但是他不仅对新古典经济学家们持容忍态度，而且对所有经济学家使用的方法持开放的态度。不同于新古典经济学家，西蒙认为，经济学不应该与其他社会学科分割：

> 要了解西蒙的学术研究，就必须理解他对统一的和跨学科的行为科学的拥护……他坚决抵制学科对忠诚度的需求。第二次世界大战以后，有这么一派学者，认为搞学术不必拘泥于单一的专门学科，而应该追求跨学科的主题和方法，而西蒙正是这一派的主要学者之一。（Augier and March，2003，p. 136）

关于利己主义，尽管西蒙的研究重点放在对个人决策的研究上，但他的决策构想认为社会影响对个人和组织的内外部都起着重要的作用。

乔治·卡托纳

乔治·卡托纳（George Katona，1980）是一名心理学家，他在密歇根大学合作开发了一种强调心理学基础的行为经济学研究方法。卡托纳对了解消费者的行为和宏观经济行为表现出浓厚的兴趣（Sent，2004，p. 741）。他强调通过经验观察行为的低层次理论；他的研究方法与抽象的实证新古典经济学相对立（Warneryd，1982，pp. 4，6，24，25）。他认为了解宏观经济的表现需要获取大量重要的主观和干预变量的信息。因此，他充分利用调查，经常涉及访谈来了解关于态度、愿

望、期望、乐观与悲观、会认知与学习、习惯和成见。卡托纳的方法明 15
显不是狭隘的、利己主义和机械主义的，而是跨学科的。

哈维·莱宾斯坦和 X 效率理论

从哈维·莱宾斯坦在 1966 年发表关于 X 效率理论（X-efficiency，XE）的第一篇开创性文章开始，其 X 效率理论的研究主旨就是为了开发一个概念框架，来研究理解为什么公司低于最佳内部效率（即 X 效率）是一种常态（Leibenstein，1976，1987；Tomer，1989，1994）。做这项传统研究的学者包括什洛莫·美泰（Shlomo Maital）、莫里斯·奥特曼（Morris Altman）、罗杰·弗兰兹（Roger Frantz）和约翰·托马尔。在我看来，莱宾斯坦的研究虽然不像新古典经济学那样狭隘，但也不像西蒙的研究那样广泛。首先，X 效率理论的一个重要因素就是质疑新古典经济学假设的合理性，特别是人们最大化的想法。其次，莱宾斯坦的研究虽然具有实证主义元素，但它并不是新古典经济学意义上的严格实证主义。X 效率理论的类型和方法与新古典经济学的研究类似，因为在 X 效率理论中的变量一般都是量化的，理论上是可测试的。莱宾斯坦自己的贡献是纯理论上的，但是其他人已经完成了相关的实证调查。请注意，因为 X 效率理论侧重于公司内部的基础关系，所以在完成实证调查时存在着一定的挑战。最后，X 效率理论的阐述并没有使用形式主义的数学。莱宾斯坦在他的模型中运用图表来描述基本的理论关系。这使得他的研究比那些使用形式数学证明的新古典经济学更容易被接受。

X 效率理论在机械维度上被认为是相对较高的，这是因为莱宾斯坦的研究严重依赖于局部均衡分析的使用，而不是因为他的研究具有某种跨学科的性质。莱宾斯坦的一般方法包括运用非经济行为学科的重要见解，但并不明确借鉴非经济学的研究，所以他的方法被称为有限的方法借鉴。这些行为见解的使用使得 X 效率理论的内容比新古典经济学更加广泛。但是，正如上文所说，X 效率理论的风格和方法在一定程度上还是与新古典经济学相似。莱宾斯坦所做的更像是运用新古典经济学家所熟悉的语言来呈现他新颖的行为观念。莱宾斯坦的 X 效率理论存在跨学科的因素，但是，还是没有很好地结合如心理学和社会学等社会科学。

16 莱宾斯坦的分析非常注重个人，在他的模型中个人是利己的，但通常不是完全理性的。莱宾斯坦经济学中的“人”是一个具有社会属性的人，会受到承诺、社会义务、社会习俗、认同和对于合作的态度的约束。心理学上的人也是现在的，有成就的需要、受情感的左右，以及具有受官僚主义程度影响的动机或热情。自我实现的人在这里先不进行介绍。

心理经济学

丹尼尔·卡尼曼是行为经济学另一个重要分支的公认领导者，他们这一派系向经济学理性人模型提出了挑战。他和他的密切合作者与频繁的合著者、已故的阿莫斯·特沃斯基以及其他许多人，以心理经济学的传统做研究。心理经济学尤其侧重于人类思维的认知功能，以及为什么人们在判断和决策时容易出现可预见的错误。与西蒙的研究相比，心理经济学更倾向于关注在不复杂情况下较小的决策，以便隔绝特定类型的人类认知偏见。他们的实证研究经常发生在允许进行受控的实验环境中。心理经济学的主要研究者有科林·凯默勒（Colin Camerer）、恩斯特·菲尔（Ernst Fehr）、大卫·莱布森（David Laibson）、乔治·洛文斯坦、马修·拉宾（Matthew Rabin）和理查德·塞勒（Richard Thaler）。

心理经济学（psychological economics，PE）研究人员发现，人们“对于完成项目所需要的时间存在不切实际的乐观系统倾向”（规划谬误）（Thaler and Sunstein，2009，p. 7）。人们通常倾向于维持现状或保持沉默（现状偏见）。心理经济学家已经证实了许多系统性偏离新古典经济学理性决策的假设。这些心理经济学家发现的许多系统性错误或偏见是人们思维方式的结果（“认知机制的设计”）(Kahneman，2011，pp. 3－8)。

心理经济学的狭隘程度介于新古典经济学和赫伯特·西蒙与乔治·卡托纳研究的行为经济学分支之间。根据科林·凯默勒和乔治·洛文斯坦（Camerer and Loewenstein，2004，p. 7）的研究，心理经济学的研究更倾向于遵循标准方法：（1）鉴别新古典经济学中的规范性假设或者模型；（2）识别明显违背假设和模型的异象；（3）利用异象作为切入 17
点，创建现有模型的替代理论；（4）使用修改后的假设对经济学行为模型进行测试，并推导出新的含义。作为心理经济学的一部分，新古典经济学的核心假设——利己主义、理性和自我控制都受到了挑战（Rabin，2002，p. 658）。尽管如此，心理经济学的基本方法并不是与新古典经济学相背离。在拉宾看来，心理经济学继续使用了广义的新古典经济学的方法（p. 658）。因此，许多心理经济学研究的目的，仅仅是在更大的心理学现实主义标准理论的基础上修改一个或两个假设（Camerer and Loewenstein，2004，p. 3）。因此，心理经济学继承了许多新古典经济学的实证主义。相应的，心理经济学的研究往往倾向于有形的、可量化的因素，并限制其无形的、定性的和整体方面的考虑。心理经济学是建立在新古典经济学的方法和大部分假设的前提下（Rabin，2002，p. 658）。[①] 心理经济学在某种意义上是基于理性决策的概念，因为它将决策错误定义为偏离标准经济学理性的经济概念（Angner and Loewenstein，2007，p. 29）。尽管一些心理经济学的研究者广泛使用数学方法来描述行为或者显示新古典经济学哪里是错误的，但是总体上数学方法在心理经济学上的运用程度明显不如在新古典经济学中的运用。拉宾认为（p. 672），新古典经济学的数学形式主义虽然是一种有害的方法，但也是必须存在的。一方面，它的有害之处在于它包含了关于人类认知、偏好和行为的高度简化和程序化的模型，从而在各种情况下都忽略了大量的心理现实基础。另一方面，它的必要性在于它能制定精确和可测试的假设。

---

① 拉宾的言论过于夸张，我认为许多行为经济学家（甚至是心理经济学家）都不会同意。

心理经济学的实证研究在很大程度上是为了记录人类的行为是如何违反新古典经济学主观期望效用模型所预测的行为模式的（Angner and Loewenstein，2007，p. 35）。值得注意的是，心理经济学目前包含了全面的实证方法，包括新古典经济学的所有实证方法，以及实验室和实地实验，利用现场数据、计算机仿真、问卷调查，甚至是脑扫描（Camerer and Loewenstein，2004，p. 7）。心理经济学家喜欢认为自己是“方法论的折中主义者”（p. 8）。

由于其他社会学科尤其是心理学的使用，使得心理经济学的机械性远远低于新古典经济学。与新古典经济学相比，心理经济学的分离度较低，但是在学科交叉性上又不如西蒙的研究。心理经济学与其他学科最
18 重要的联系是行为决策研究，这是一种心理学研究（Angner and Loewenstein，2007，p. 28）。心理经济学一个有趣的新发展是与神经科学相联系去发展神经经济学（p. 38）。最后，相比于新古典经济学，心理经济学更不强调个人，因为心理经济学的研究者认为人类的行为并不是完全自利和严格理性的，重大的社会影响对个人决策也起到了至关重要的作用。

乔治·阿克洛夫和行为宏观经济学

乔治·阿克洛夫（George Akerlof）在 2002 年诺贝尔经济学奖颁奖典礼上演讲时总结了行为宏观经济学的关键要素，特别是他自己的贡献。他的宏伟蓝图是以凯恩斯的一般理论的原创精神为基础，建立行为宏观经济学体系。行为宏观经济学是一种基于健全的心理学和社会学，而不是基于直觉基础的宏观经济学。为了建立这个体系，他希望“通过将这样的行为观察纳入假设中来强化宏观经济学理论”（p. 411）。

宏观经济学发展的一个强劲动机是源于 20 世纪 60 年代后期出现的新古典宏观经济学（新古典经济学的一个分支）已经不能解释六个重要的宏观现象（Akerlof，2002，pp. 411 - 412）。这六个现象分别是：(1) 非自愿失业的存在，(2) 货币政策对产出和就业的明显影响，(3) 高失业率

不能加速通货紧缩，(4) 退休人员普遍储蓄不足，(5) 股票价格相对于其基本面过度波动，(6) 自我毁灭的底层阶级的顽固坚持（p. 412）。对于这六个现象中的每一个，阿克洛夫和其他行为宏观经济学家都展开了"合并了基于心理学和社会学观察的现实假设"的分析。这些分析都提供了关于这些现象的非常令人满意的解释，并指出了新古典宏观经济学解释的瑕疵。比如，关于非自愿失业的现象，行为宏观经济学利用三个重要的要素进行了解释，分别是："(1) 互惠（人类学中的礼物交换学说），(2) 公平（心理学中的公平理论），和 (3) 坚持群体规范（社会学中的参照群体理论和心理学中的群体形成理论）"（p. 415）。与新古典宏观经济学相反，行为宏观经济学家认为价格和工资水平通常是向下刚性的。理解这种现象原因的关键是一些重要的心理学洞见，这有助于我们解释工人为什么抵制名义工资的削减，以及为什么公司在制定价格时使用拇指法则（pp. 417－420）。 19

阿克洛夫的行为宏观经济学的狭隘性比新古典经济学要低得多。首先，不同于新古典经济学，阿克洛夫的研究对于效用最大化和利润最大化的核心命题不是毫无疑问地全盘接受。其次，对于新古典经济学未开放的问题持开放的态度。最后，阿克洛夫的研究并不是以形式主义的数学模型为特征的。

如上所述，阿克洛夫和其他行为宏观经济学家的研究工作是跨学科的，所以相较于新古典经济学，分离性要小得多。阿克洛夫认为，心理学和社会科学中的重要的行为研究，如"互惠、公平、身份认同、货币幻觉、损失厌恶、羊群效应和拖延症有助于解释现实经济学与新古典经济学模型之间的明显背离"（Akerlof，2002，p. 428）。值得注意的是，阿克洛夫的行为宏观经济学的研究与心理经济学分支中的微观经济学研究有着密切的联系，特别是它利用了有关背离理性经济决策的见解。

理查德·尼尔森、西德尼·温特和进化经济学

理查德·尼尔森和西德尼·温特（Richard Nelson and Sidney Winter，1982）在利用进化理论解释经济的发展和进步方面开了先河。他们的理论借鉴了生物学中的进化思想，特别是达尔文关于不同物种生存的自然选择的概念。他们专注于企业常规的、可预测的行为模式，他们称之为惯例（p. 14）。惯例类似于基因，优秀的惯例在公司的生存和繁荣中保留了下来（Nelson and Winter，2002，pp. 25，30）。这个进化理论与行业生命周期的假设高度相符，在这个假设中，新兴技术的兴起和发展与市场中企业数量的急剧变化密切相关。在早期行业不确定性阶段存在许多公司，而一些公司随着行业的成熟而退出。进化理论在理解技术变革时有许多应用和含义。

在我看来，进化理论的狭隘性相对较低。进化理论的研究方法比新古典经济学更加广泛，并且实证主义较低。进化理论并不使用形式主义
20 的数学模型，并且对其核心经济命题的考察以及对历史以及体制方面的调查都是保持开放的态度。

在我的判断中，进化理论的机械性也比较低。首先，它有限地使用了数学。其次，在进化理论中有一种共识，认为虽然人类的行为经常符合常规模式或者惯例，但是却很少以利益最大化的方式行事。在利己主义上，进化理论也不如新古典经济学。进化理论并不依赖于个人的行为解释，进化理论与组织行为领域的概念十分兼容。此外，进化理论也是跨学科的，它与现代组织理论、企业战略、贸易史和认知心理学的关系尤为密切。

其他行为经济学分支

除了上述六个分支之外，行为经济学还有许多其他的分支。行为金融学就是一个独立的行为经济学分支。这是因为行为金融学与行为经济学关系密切，特别是与心理经济学。许多行为金融学的研究者由于他们的研究和他们的经济学博士学位，使得他们也是行为经济学家。另外，可以说行为金融学是一个涉及金融市场行为的金融学话题。这里就先不把行为金融学看作是行为经济学的分支。但是，本书稍后的章节将会详

细地介绍行为金融学，因为它们俩的关联很密切。

实验经济学，特别是弗农·史密斯（Vernon Smith）及其合作者的研究，是另一个有望称为行为经济学分支的候选。这是因为实验室实验已经广泛地应用于经济学，特别是行为经济学和行为金融学的研究者在使用。然而，实验经济学的本质是一种经验方法。它在很大程度上不是一个实质性的调查领域（Angner and Loewenstein，2007，pp. 38 - 39），所以，这里不认为它是行为经济学的分支。尽管如此，实验经济学的发展是行为经济学发展的重要组成部分。因此，本书稍后会进行详细的介绍。

或许，还有其他一些行为经济学分支在这里没有被鉴别，更不用说个别学者的研究工作并不适合本章所述的任何一个分支。

行为经济学内在的差异

森特（Sent，2004，pp. 740 - 750）将“旧行为经济学”与“新行 21
为经济学”进行了区分。简言之，旧行为经济学包括西蒙的有限理性、哈维·莱宾斯坦的 X 效率理论、理查德·尼尔森和西德尼·温特的进化经济学、牛津大学的一个团体和其他一些人（pp. 740 - 742）。新行为经济学主要是心理经济学，也包括阿克洛夫分支的研究和一些其他的主要行为经济学研究。旧行为经济学在新行为经济学之前应运而生，但是，两者之间的区别更多地集中在它们各自的科学方法、观点和理论框架，而不是新、旧行为经济学家发表重要研究的日期。森特指出，新行为经济学位于主流经济学的前沿（p. 749），为经济学提供了重要的心理现实主义和明确的、可测试的预测。这些以及相关的属性无不说明新行为经济学相对于旧行为经济学在获得了更多的追随者上的成功。

相比于旧行为经济学对新古典经济学强烈的质疑，和有强烈愿望取而代之成为主流经济学，新行为经济学与主流新古典经济学的关系更加缓和。此外，值得注意的是，新行为经济学也不是全面接受旧行为经济学，并且通常对旧行为经济学家持有不屑的态度，即使是像对西蒙这样在旧行为经济学领域有很高地位的学者。西蒙的理论在很多心理经济学那里都不受到重视，他的想法在最近的行为经济学论文中也很少提及（Sent，2004，p. 750）。问题的关键是，新行为经济学家认为这些旧行为经济学家似乎对整个经济学发展方向没有影响（Angner and Loewenstein，2007，p. 25）。[关于新行为经济学的突出贡献的完整记载，请参见赫克罗姆的著述（Heukelom，2014）]。同样值得注意的是，不少始于从事旧行为经济学这一分支研究的经济学家，近年来也越来越多地接受其他分支的一些理论和观点了（其中包括新行为经济学）。但是，对于新行为经济学家来说是不一样的，他们似乎没有增加对旧行为经济学理论和实践的接受程度。因此，最近行为经济学内部的情况是温和的，但并不是完美的多元主义（Sent，2005，p. 754）。行为经济学范围内的心理经济学的统治地位是在继续加强吗？还是行为经济学整体变得更加多元化？答案尚不清晰。

行为经济学：下一个经济学范式？

22 行为经济学有没有可能取代新古典经济学成为更加优秀的经济学范式？这个问题的答案到目前为止还不清楚。一方面，心理经济学在利用心理学来提高经济学的真实性方面已非常强大。但是，心理经济学与新古典经济学的研究范式联系十分紧密，其科学实践不仅仅是新古典经济学的一个优秀分支。另一方面，许多从事旧行为经济学分支研究的学者，特别是西蒙的行为经济学分支的研究学者，有比心理经济学家更迫切改变经济学科学实践的愿望，尤其是实证主义的实践。如果行为经济学能利用好心理经济学，将它与旧行为经济学的观点相结合，并同时减轻狭隘性、刚性、非包容性、机械性、分离性和利己主义，那么行为经济学就有可能取代新古典经济学成为新的经济学范式。这个可能是否会实现，目前还没有定论。尽管如此，接下来的章节将探讨行为经济学许多重要的贡献，以便了解经济学研究范式变化的过程是现在发生，还是在不久的将来会发生。

参考文献

Akerlof, George. 2002. "Behavioral Macroeconomics and Macroeconomic Behavior," *American Economic Review*, 92 (3), June, 411 - 433.

Angner, Erik. 2012. *A Course in Behavioral Economics*. New York: Palgrave Macmillan.

Angner, Erik and Loewenstein, George. 2012. "Behavioral Economics" (January 14, 2007), in Uskali Maki (ed) *Handbook of the Philosophy of Science: Philosophy of Economics*, Amsterdam: Elsevier, 641 - 690. Available at SSRN.

Arzlan, D. 2003. "Postmodernism, Keynesian Uncertainty and Rational Expectations: A Methodological Approach," Paper presented at the Eastern Economic Association Conference in New York City on February 22.

Ashraf, Nava, Camerer, Colin F. and Loewenstein, George. 2005. "Adam Smith, Behavioral Economist," *Journal of Economic Perspectives*, 19, 131 - 145.

Augier, Mie. 2003. "Will the Real Herbert Simon Please Stand Up? (Or, Behavioral Economics: Hopes for the Past; Lessons from the Future," Paper Presented at the Eastern Economic Association Conference in New York City on February 23.

Augier, Mie and March, James G. 2003. "The Economic Psychology of Herbert Simon: Introduction to a Special Issue," *Journal of Economic Psychology*, 24 (2), April, 135 - 141.

Brzezicka, Justyna and Wisniewski, Radoslaw. 2013. "Homo Oeconomicus and Behavioral Economics," *Contemporary Economics*, 8 (4), 353 - 364.

Caldwell, Bruce J. 1982. *Beyond Positivism: Economic Methodology in the Twentieth Century*. London: Allen and Unwin.

Camerer, Colin F. and Loewenstein, George. 2004. "Behavioral Economics: Past, Present, Future," in Camerer, Colin F., Loewenstein, George and Rabin, Matthew (eds) *Advances in Behavioral Economics*. New York: Princeton University Press, 3 - 51.

Canterbery, E. Ray. 2001. *A Brief History of Economics: Artful Approaches to the Dismal Science*. London: World Scientific.

Etzioni, Amitai. 2011. "Behavioral Economics: Toward a New Paradigm," *American Behavioral Scientist*, 55 (8), 1099 - 1119.

Gilad, Benjamin and Kaish, Stanley. 1986. *Handbook of Behavioral Economics: Behavioral Microeconomics*. London: Jai Press.

Heukelom, Floris. 2014. *Behavioral Economics: A History*. New York: Cambridge University Press.

Jevons, W. Stanley. 1871 [1965]. *The Theory of Political Economy*. 5th Edition. New York: A. M. Kelley.

Kahneman, Daniel. 2011. *Thinking Fast and Slow*. New York: Farrar, Straus, and Giroux.

Katona, George. 1980. *Essays on Behavioral Economics*. Ann Arbor, MI: Institute for Social Research.

Kuhn, Thomas S. 1970. *The Structure of Scientific Revolutions*. Chicago: University of Chicago Press.

Landreth, Harry and Colander, David C. 2002. *History of Economic Thought*. 4th Edition. Boston: Houghton Mifflin.

Leibenstein, Harvey. 1976. *Beyond Economic Man: A New Foundation for Microeconomics*. Cambridge, MA: Harvard University Press.

Leibenstein, Harvey. 1987. *Inside the Firm: The Inefficiencies of Hierarchy*. Cambridge, MA: Harvard University Press.

Mandler, Michael. 1999. *Dilemmas in Economic Theory: Persisting Foundational Problems of Microeconomics*. New York: Oxford University Press.

McCloskey, Deirdre N. 1994. *Knowledge and Persuasion in Economics*. Cambridge: Cambridge University Press.

Mill，John Stuart. 1874 [1968] . "On the Definition of Political Economy; and On the Method of Investigation Proper to It，" in *Essays on Some Unsettled Questions of Political Economy*. New York：Augustus M. Kelley，120 - 164.

Nelson，Richard R. and Winter，Sidney G. 1982. *An Evolutionary Theory of Economic Change*. Cambridge，MA：Harvard University Press.

Nelson，Richard R. and Winter，Sidney G. 2002. "Evolutionary Theorizing in Economics，" 16 (2)，Spring，23 - 46.

Perlman，M. and McCann，C. R. 1998. *The Pillars of Economic Understanding*，*Vol. 1*：*Ideas and Traditions*. Ann Arbor，MI：University of Michigan Press.

Preston，John. 2008. *Kuhn's The Structure of Scientific Revolutions*：*A Reader's Guide*. New York：Continuum.

Rabin，Matthew. 2002. "A Perspective on Psychology and Economics，" *European Economic Review*，46，657 - 685.

Sent，Esther-Mirjam. 2004. "Behavioral Economics：How Psychology Made Its (Limited) Way Back Into Economics，" *History of Political Economy*，36 (4)，735 - 760.

Simon，Herbert. 1987. "Behavioral Economics，" in Eatwell，John，Milgate，Murray and Newman，Peter (eds) *The New Palgrave*：*A Dictionary of Economics*. New York：Stockton Press，221 - 225.

Simon，Herbert. 1992. "Nobel Prize Lecture，" in Lindbeck，Assar (ed) *Nobel Lectures*，*Economic Sciences*，*1969 - 1980*. London：World Scientific，335 - 371.

Smith，Adam. [1759] 2002. *The Theory of Moral Sentiments*. K. Haakonssen (ed) Cambridge：University of Cambridge Press.

Smith，Adam. [1776] 1976. *An Inquiry into the Nature and Causes of the Wealth of Nations*. Chicago：University of Chicago Press.

Sontheimer，Kevin. 2006. "Behavioral Versus Neoclassical Economics：Paradigm Shift or Generalization，" in Altman，Morris (ed) *Handbook of Contemporary Behavioral Economics*：*Foundations and Developments*. Armonk，NY：M. E. Sharpe，Chapter 12，pp. 237 - 257.

Thaler，Richard H. 1992. *The Winner's Curse*：*Paradoxes and Anomalies of Eco-*

nomic Life. New York: Free Press.

Thaler, Richard H. and Sunstein, Cass R. 2009. *Nudge: Improving Decisions About Health, Wealth, and Happiness*. Revised. New York, Penguin Books.

Tomer, John F. 1989. "Review of Harvey Leibenstein's *Inside the Firm*," *Journal of Economic Behavior and Organization*, 12 (1), August, 153 - 157.

Tomer, John F. 1994. "Leibenstein, Harvey," in Hodgson, G., Samuels, W. and Tool, M. (eds) *The Elgar Companion to Institutional and Evolutionary Economics*. Volume 2. Aldershot, UK and Brookfield, VT: Edward Elgar Publishing.

Tomer, John F. 2007. "What Is Behavioral Economics?" *Journal of Socio-Economics*, 36, 463 - 479.

Warneryd, Karl-Erik. 1982. "The Life and Work of George Katona," *Journal of Economic Psychology*, 2, 1 - 31.

第3章　有限理性分支的实践与内容

引　言

第 2 章简要介绍了行为经济学六个分支的主要特征。为了更好地理解行为经济学及其作为一种新经济范式的潜力，我们有必要更充分地考虑行为经济学的各种实践和贡献。这一章的重点是行为经济学中的有限理性，它与赫伯特·西蒙的工作密切相关。本章的目的是研究这种行为经济学的贡献和实践，并将其与新古典经济学进行对比。后面的章节将集中讨论行为经济学的其他分支和其他贡献。希望这些章节能提供给读者足够的知识和洞察力，以此形成一种基于一定知识的关于行为经济学和新古典经济学相对优点的观点，以及思考行为经济学有朝一日是否有机会能成为一种取代新古典经济学的更优越的经济学范式。 25

赫伯特·西蒙

有限理性的科学实践和定位在许多方面反映了赫伯特·西蒙的品格。因此，了解他在经济学中的角色的本质是很重要的。赫伯特·西蒙（1916—2001）是一位社会科学家，他的实践和兴趣与大多数经济学家大相径庭。如第 2 章所述，西蒙致力于跨学科的社会科学。这体现在西蒙对经济学、心理学、政治学、社会学、管理理论、公共管理、组织理论、计算机科学、认知科学、哲学等学科都做出了重要贡献（Augier and March，2002，pp. 1－2）。他反对学科忠诚。如他所言，如果你感到这些学科中的任何一门支配着你，你就加入反对派，与之斗争一段时间（p. 2）。尽管如此，经济行为和组织（以及心理学）领域对他来说却是非常重要的。尽管他未能达到他所追寻的在经济学上的影响，但他
26 确实在 1978 年获得了诺贝尔经济学奖（Simon，1992；Augier and March，2002，p. 4）。西蒙的多学科兴趣都与一个核心兴趣有关，那就是理解人类的决策（p. 15）。“他对理解实际发生的人类决策的探索，使他对许多领域做出了贡献”（p. 3）。西蒙说：“对我来说最大的难题是……要使组织工作中真实的决策制定与经济学家提出的决策方式相协调”（p. 4）。他的研究集中在当人们不能像新古典经济学假设的那样理性时，他们该如何推理和决定。他对新古典经济学的幻灭使他对新古典经济学理性决策观的关键要素提出了挑战（p. 2）。在经济学学科方面，西蒙与阿尔弗雷德·马歇尔（Alfred Marshall）的观点是一致的，马歇尔认为经济学是人类研究的一部分，因此，是一门心理科学（Simon，1992，p. 343）。在西蒙看来，不幸的是经济学（也就是指新古典经济学）只关注了人性的一个方面，即人的理性，并且尤其关注这一理性在稀缺性的分配问题上的应用（p. 343）。

理性决策的制定

和所有经济学家一样，赫伯特·西蒙欣赏理性决策。但是，新古典主义经济学家们对理性的定义与通常所说的（及西蒙所说的）理性的定义不同。根据词典中（或通常）的定义，决策中的理性意味着“服从理智，而不是荒唐、荒谬、放纵、愚蠢”；它是一种“聪明和明智”的决策。而新古典经济学中的决策理性意味着最大化（或最优化），即不断地选择绝对最佳的替代方案（Simon，1978，p. 2）。在新古典经济学中，理性决策者被假定其拥有所有必需的知识和计算技能，使他能够计算出替代方案的效用（Simon，1955，p. 99）。新古典经济学的理性意味着决策者总是选择带来最大效用的替代方案。虽然西蒙明白这种新古典经济学概念是非常不现实的，但是他不得不承认，“无所不知的理性的经典理论是非常简洁和美妙的”（Simon，1992，p. 347）。

当存在不确定性时，正式的新古典经济学决策理论被称为主观期望效用（subjective expected utility，SEU）理论。它假设决策者对每种 27
可能的替代方案都可以用一个数字来表示他对其的偏好程度，替代集合定义明确，并且决策者知道每种替代方案的发生概率。上述第二点意味着不会出现预料之外的结果。该理论进一步假设决策者能够选择出使期望效用价值最大化的可选方案（Simon，1983，pp. 12 - 13；Simon，1955，p. 103）。这个理论令人印象深刻。不幸的是，正如西蒙所指出的，无论有没有最强大的计算机，主观期望效用理论在现实世界中都从未被应用过（Simon，1983，p. 14）。唯一可以应用该理论的例外是，在选择情况的复杂性远低于现实世界中人类选择情况的复杂性的场合（p. 17；Simon，1955，p. 104）。因此，在西蒙看来，无论决策者多么渴望，他们都无法应用主观期望效用模型（p. 17）。这一点尤其正确，因为在主观期望效用理论中，要使效用最大化，人类不仅需要无限的认知能力，还需要无限的非认知能力，如情感和激励方面的能力（Selten，2001，pp. 14－15）。

如前所述，赫伯特·西蒙不赞同新古典经济学关于理性决策的概念。就他而言，理性的决策意味着一种有说服力的、有目的的、有意以合理方式做选择的决策（Augier and March，2002，p. 5）。这种决策在某种意义上是功能性的，因为它有助于实现个人或组织的目标。西蒙深知，除非在极其简单的情况下，否则人类有限的认知能力无法使他们达到最大化。然而，在他看来，"'理性人'可以在没有应用经典……理性模型的这种意识下得出'合理的'结论"（Simon，1978，p. 14）。与上述论述一致，西蒙区分了实质理性和程序理性。实质理性是指在给定行为人目标的情况下，选择的结果是最佳或最大化的（Simon，1976，pp. 130－131）。程序理性是指为解决问题而进行的理性思考的过程。"当行为是出自恰当考虑的结果时，它就是程序理性的"（p. 131）。如果决策过程涉及"冲动反应……无充分的思想干预"，那么，从程序意义上说，决策就不是理性的（p. 131）。在西蒙看来，人类能做到的最佳就是获得相对高的程序理性，从而做出足够好的决策。

在开发另一种决策模型时，西蒙从传统决策理论的基础开始。换句话说，西蒙考虑到了决策者面临的替代选择、这些选择的回报、世界未
28 来可能的状态，以及与选择结果相关的概率分布的信息（Augier and March，2002，p. 7）。西蒙进一步认识到，决策者缺乏处理复杂决策的计算能力。因此，西蒙认为，决策者有必要利用简化的决策程序。首先，他们通过从有限的可选方案中进行选择来简化，这是可选方案的一个子集（Simon，1955，p. 102）。其次，他们通过有选择性地试探或经验法则以探索有望的可选方案子集（Simon，1976，p. 136）。再次，他们通常按顺序检查所选可选方案的子集，一次只检查一个可选方案（Simon，1955，p. 110）。最后，他们使其达到西蒙所说的满足条件。也就是说，他们一直在寻找，直到找到一个满意的解决方案、一个"足够好的"替代方案；他们选择了这一个，从而结束了搜寻（Augier and

March，2002，p. 7）。搜寻的目的不是找到最好的选择；它只是找到了一个不错的选择（pp. 7－8）。挑选出的替代方案首先要符合决策制定者的意愿水平。在西蒙看来，一个人的意愿水平是会变化的。一般原则是：当容易找到令人满意的替代方案时，意愿水平上升；当难以找到令人满意的替代方案时，意愿水平下降（Simon，1955，p. 111）。

西蒙认识到，好的决策还有另一个重要因素。人类之所以能成功地做出正确的决定，很大程度上是因为他们有良好的直觉判断力（Simon，1983，pp. 23－24）。在大众的想法中，有些人有良好的直觉判断力，而另一些人则没有。在西蒙看来，事情没有那么简单。的确，有时人们会突然想到解决问题的办法。他们都有"啊哈"的经历。这一现象的真实性是毫无疑问的。而且，当人们有了这些经验并做出直觉判断力时，他们所得到的问题解决方案往往是正确的（p. 25）。国际象棋大师能做出快速有力的决定就是一个例子。在西蒙看来，当决策者有大量的经验，使他们能够从记忆中识别和检索多年经验中所学到的所有模式时，就会出现这些快速的直觉判断（pp. 25－27）。换句话说，"'啊哈'经历只发生在那些拥有一定的［经验和］知识的人身上"（p. 27）、那些有思想准备的人身上。在西蒙看来，要想在国际象棋和其他领域"为获得世界级的创造性表现做准备"（p. 27），或者甚至要在商业和家庭决 29
策制定中获得良好的直觉判断力，都需要很长时间。

有限理性

赫伯特·西蒙（Simon，1987，p. 222）用"有限理性"这个术语来指代"人类知识和计算的全部局限性，这些局限性阻止现实世界的参与者像经济人那样行事"。除了上述令人满意和直观的决策外，以下行为也是有限理性决策的例子。首先，人类在决策过程中避免计算的一种方法是使用惯例（Simon，1987，p. 222）。当涉及社会现象时尤其如此。

例如，关于工资的商业决策和关于储蓄的个人决策通常是基于社会公认的惯例，而不是某种形式的理性计算做出的。一般来说，企业设定的管理人员薪酬水平与其他企业以及公众可以接受的水平非常一致。其次，当人们做出诸如买车之类的决定时，他们通常只把注意力集中在生活中与他们的决定最直接相关的部分，例如交通，而往往忽视了生活的所有其他方面（Simon，1983，pp. 19 - 20）。最后，由于认知上的局限性，人类通常不会用相关的概率分布展望详细的未来情景（p. 18）。有限理性的第四个例子是适应性和学习。当人们和企业基于过去有效或无效的选择逐渐调整他们的选择时，就是所说的这种情况（Simon，1959，p. 271）。例如，企业通常根据自己的期望水平设定最初的绩效目标，然后随着它们的经历逐步调整这些目标。

西蒙对剪刀的比喻可以说是解释有限理性概念的最好方法。剪刀的一个刀刃是人类认知的局限性；另一个刀刃是环境的结构（Gigerenzer and Selten，2001，p. 4）。环境的结构是指决策情境（人、动物、机构等）的性质。有限理性的本质是这样一种观点，即“拥有有限时间、知识和其他资源的头脑，可以通过利用其所处环境中的结构而［在决策制定中］取得成功”（p. 4）。因此，如果剪刀的第一个刀刃（与心理能力
30 有关）与第二个刀刃（与环境有关）配合得很好，剪刀就能很好地工作，而且，不用付出很大的代价就能做出足够好的决策。在这种情况下，具有一般认知能力的人类，通过运用适当的经验法则（直觉推断法）和决策程序（非常适合其环境的），可以实现良好的决策结果。

格尔德·吉仁泽（Gerd Gigerenzer）和他的研究同事强烈支持这样一种观点，即人类使用有限理性的决策方法通常可以成功，即使决策结果远非最优。当然，最优决策是传统推理模型的目标，其方法包括集成所有可用信息，对其进行加权，并以计算代价高昂的方式将其组合（Gigerenzer and Goldstein，1996，p. 652）。有限理性决策并不试图整合所有可用信息；它基于有限的知识、记忆搜索和对世界未知特征智慧的猜测（p. 652）。有限理性决策方法是人类在有限的时间和知识条件

下能够真正实施的决策方法。有限理性的决策者经常使用有根据的猜测，并超越给定的信息。有限理性决策大量使用直觉推断法，这是一种对解决难题有用的快捷决策过程（Berg and Gigerenzer，2010，p. 157）。“通过忽略信息，直觉推断法比优化策略更能在变化和不确定的世界中准确地作出预测”（p. 157）。与试图获得最优结果且普遍适用的决策方法不同，有限理性方法使用的决策过程，仅适用于特定类型的决策环境（p. 149）。生态理性是当所选择的决策过程与特定的环境类别协同工作时，可以实现的理性类型。这种有限理性的决策方法是令人满意的，简单、智能、快速、节俭，并能够作出接近最优的推断，在一定程度上，他们利用了决策环境结构的规律性（Berg and Gigerenzer，2010，p. 651；Gigerenzer and Selten，2001，p. 7）。使用简单且稳健的直觉推断式有限理性的决策方法的结果，可以与一个特定的优化策略匹敌，甚至表现更优（p. 4）。还需注意的是，除了使用信息，这些决策方法也可以利用情感和社会影响来消除决策所需的信息和计算（p. 9）。

有限理性理论成功了吗？既成功了也没有成功。一方面，“大量的 31
实证研究表明，实际决策符合有限理性的假设，但不符合完全理性的假设”（Simon，1992，p. 357）。另一方面，尽管有限理性理论有可能成为主流经济学的重要组成部分，但是这并没有发生。“首先，由于西蒙和他的行为经济学同事提出的科学方法次于那些新古典经济学方法，这激起了强烈的反应，试图从行为主义中捍卫古典理论”（p. 357）。“其次，数学知识和能力在经济专业领域的迅速传播，使经典理论得到了认可，特别是当它与统计决策理论和博弈论相结合的时候……发展到成熟优雅的新高度……”（p. 358）。因此，这些发展“已经吸收了……[经济学家的] 精力，推迟了与现实世界的不雅邂逅”（p. 358）。因此，在西蒙看来，在20世纪60—80年代，经济学专业至少在智力上没有准备好接受有限理性的概念，更不用说行为经济学的其他部分。然而，西蒙很清楚有限理性的重要性：

> 我们今天确实理解了人类理性选择的许多机制。我们也确实了解了

人类这个信息处理系统，在面对超越其认知的复杂性时，是如何利用其信息处理能力来寻找可选方案、计算结果、解决不确定性的，因此，只是有时而并不是总是能够找到足以应付日常生活的行动方式。(Simon，1992，p. 368)

结　论

赫伯特·西蒙显然是一位伟大的学者、经济学家和社会科学家，他向我们展示了经济科学可以是什么，以及它不需要遵循新古典经济学的形式。他既是新古典经济学的批评者，也是一位发展了新的经济理论和视野的学者。毫无疑问，他试图发展的经济学（行为经济学）没有新古典经济学那么狭隘、刚性、非包容、机械、分离和利己主义。他想要一种将理性的概念与其他社会科学学科的知识，尤其是心理知识，现实地联系起来的经济学。他寻求改善决策制定过程中的人类理性，并替代新古典经济学的整体效用最大化理性的假设。也许是因为当时时机不成
32 熟，也许是因为他更倾向于新古典经济学的改革，也许是因为他对经济学的科学贡献没有被充分认识，也许是因为他的领导才能有限，他没有在有生之年成为一场科学革命的领导者。如果行为经济学在未来被公认为是颠覆新古典经济学的更高级的经济模式，那么，赫伯特·西蒙所发展的理论和观点必会成为新范式的非常重要的元素。

参考文献

Augier, Mie and March, James G. 2002. "A Model Scholar: Herbert A. Simon (1916 - 2001)," *Journal of Economic Behavior and Organization*, 49, 1 - 17.

Berg, Nathan and Gigerenzer, Gerd. 2010. "As-If Behavioral Economics: Neoclassical Economics in Disguise?" *History of Economic Ideas*, 43 (1), 133 - 165.

Gigerenzer, Gerd and Goldstein, Daniel G. 1996. "Reasoning the Fast and Frugal Way: Models of Bounded Rationality," *Psychological Review*, 103 (4), 650 - 669.

Gigerenzer, Gerd and Selten, Reinhard. 2001. "Rethinking Rationality," in Gigerenzer, Gerd and Selten, Reinhard (eds) *Bounded Rationality: The Adaptive Toolbox*. Cambridge, MA: The MIT Press, 1 - 12.

Selten, Reinhard. 2001. "What Is Bounded Rationality?" in Gigerenzer, Gerd and Selten, Reinhard (eds) *Bounded Rationality: The Adaptive Toolbox*. Cambridge, MA: The MIT Press, 13 - 36.

Simon, Herbert A. 1955. "A Behavioral Model of Rational Choice," *Quarterly Journal of Economics*, 69, February, 99 - 118.

Simon, Herbert A. 1959. "Theories of Decision-Making in Economics and Behavioral Science," *American Economic Review*, 49 (3), June, 253 - 283.

Simon, Herbert A. 1976. "From Substantive to Procedural Rationality," in Latsis, Spiro J. (ed) *Method and Appraisal in Economics*. Cambridge: Cambridge University Press, 129 - 148.

Simon, Herbert A. 1978. "Rationality as Process and as Product of Thought," *American Economic Review*, 68 (2), May, 1 - 16.

Simon, Herbert A. 1983. *Reason in Human Affairs*. Stanford: Stanford University Press.

Simon, Herbert A. 1987. "Behavioral Economics," in Eatwell, John, Milgate, Murray and Newman, Peter (eds) *The New Palgrave: A Dictionary of Economics*. New York: Stockton Press, 221 - 225.

Simon, Herbert A. 1992. "Rational Decision-Making in Business Organizations," (Nobel Memorial Lecture December 8, 1977) in Lindbeck, Assar (ed) *Nobel Lectures: Economic Sciences 1969 - 1980*. London: World Scientific.

第4章　心理经济学分支的基础

心理经济学：起源与方向

33 如第 2 章所述，丹尼尔·卡尼曼和阿莫斯·特沃斯基被认为是行为经济学中心理经济学这一分支的创始人。要全面认识心理经济学，必须深入研究心理经济学的根源。心理经济学起源于认知心理学。本质上，心理经济学是认知心理学应用于经济决策领域的产物（Angner and Loewenstein，2007，p. 2）。鉴于心理经济学的起源，它从一开始就主要关注决策的认知方面，很少关注情感、心情和感觉等非认知方面，这是可以理解的。然而，在后来的几年里，决策的非认知方面在心理经济学中比之前扮演了更重要的角色。同样值得注意的是，心理经济学认同认知心理学对新古典经济学实证主义科学方法的否定。

关于心理经济学的起源，一定要认识到行为决策研究（behavioral

decision research，BDR）的作用，“行为决策研究本身可以看作是经济学和认知科学思想的融合”（Angner and Loewenstein，2007，p. 2）。[①] 值得注意的是，行为决策研究运用了新古典经济学的理性选择理论。这一理论已经成为行为决策研究人员在评估研究环境中人们决策反应的合理性时，所使用的研究的一个“指标”。将理性选择理论的清晰预测与人们的实际行为进行比较，可以更好地理解人们的判断和决定在何时，以及在何种程度上是非理性的。值得注意的是，在这样的比较中，如果仅仅是对理性规范的随机偏离，这是毫无意义的。最令人感兴趣的偏离是那些系统性的和可预测的偏离（p. 29）。

20世纪70年代，卡尼曼和特沃斯基令人钦佩地将行为决策研究引入经济学家的视线（Angner and Loewenstein，2007，p. 30），并进一步 34
发展，使其对许多经济学家都产生了说服力。通过这些努力，心理经济学（在一些研究者看来，心理经济学和行为经济学是一样的）从行为决策研究中发展开来，逐渐成为一个独立的领域（p. 37）。拉宾（Rabin，1996，p. 111）认为，卡尼曼和特沃斯基的成功源于“他们能够并且愿意用标准的经济语言和在标准的场所向经济学家发表演讲”。由于其行为决策研究的起源，心理经济学（新的行为经济学）一直不满足于当新古典经济学被用作实证或描述性理论时，它的理性决策理论，然而，当其作为标准或规范性理论使用时，却接受理性决策理论。

心理经济学还在其他一些方面反映了行为决策的研究。“行为决策研究者的核心焦点是确定［人类的］共同认知技能、他们的优点和局限，并探索他们如何产生可观察到的行为”（Angner and Loewenstein，2007，p. 29）。在这方面最重要的是理解人类工作记忆的能力是有限的。因此，人类经常偏离最佳的理性行为（Hastie and Dawes，2001，p. 10）。此外，“处于不同情况的不同的人经常以同样的方式思考有关他们的决策。我们有一套共同的认知技能，反映在类似的决策习惯中。但

① 行为决策研究有时被称为行为决策（BDM）。

是，我们的思维技能也有一套共同的限制，这些限制可能使我们的选择远非最优”（p. 2）。

如第 2 章所述，心理经济学的基本方法和假设与新古典经济学的基本方法和假设并不完全背离（Rabin，2002，pp. 658 - 659）。尽管如此，“新古典经济学家对人性有很多假设……心理经济学研究表明，这通常是非常错误的。这些假设包括人们……1）具有明确和稳定的偏好；2）最大化其预期效用；3）以指数方式贴现未来的福祉；4）是自私的、狭义定义的……”（p. 660）。根据拉宾的说法，“心理经济学的目标是调查基于行为的偏离……新古典经济学的看似与经济相关的假设”（p. 660）。这很重要，因为新古典经济学方法强调数学的精确性和通用性，并使用简化的人类心理过程模型，从而省略了大量的心理现实（p. 672）。因此，心理经济学研究人员认为，引入人之本性的心理概念很重要，这种概念可能不如新古典经济学假设那么简单和普遍，但更准确地反映了人们的思考和行为方式。

直觉推断和偏见

35 20 世纪 70—80 年代期间，卡尼曼和特沃斯基以及他们的一些研究合作者发现了相当多的人类判断和决策偏见。让我们从三种偏见开始，这三种偏见是他们 1974 年发表在《科学》（*Science*）杂志上的一篇非常重要的题为《不确定性下的判断：直觉推断和偏见》（Judgment under Uncertainty: Heuristics and Biases）的文章的主题。这三种偏见分别是易得性、锚定、调整和代表性。由于这些偏见，人类在某些情况下的判断和决策经常会出现系统性和可预测的误差。换句话说，人类具有可以预见的非理性。

直觉推断是经验法则，涉及对现实的简化，人们用它来做出判断。因为我们的生活经常是忙碌和复杂的，我们没有时间仔细思考和分析我们遇到的所有不同的情况。因此，我们使用快速、有用和简单的经验法则（Thaler and Sunstein，2009，p. 22）。特定的经验法则会在某些特定的情况下自动使用，以做出直观的判断和决定。根据卡尼曼和特沃斯基的观点，这些直觉推断属于“人类不可改变的非正式处理机制”（Heukelom，2014，p. 118）。换句话说，它们是“个体不变的生物构成”的一部分。[1] 一个好的直觉推断可以快速使用，并且能够接近最优决策。然而，这些经验法则违反了逻辑原则，在某些情况下会导致错误（Camerer and Loewenstein，2004，p. 11）。因此，根据卡尼曼和特沃斯基的观点，人类是不完美的统计学家、逻辑学家和效用优化者（Heukelom，2014，p. 118）。

易得性

易得性偏见与“人们判断频率的状况……或可以很容易地想起……一些例子的事件的概率”（Tversky and Kahneman，1974，p. 1127）有关。我们受到诸如飓风、洪水、恐怖袭击、鳄鱼袭击、地震、谋杀等危险事件影响的可能性有多大？我们对这些事件的可能性（或概率）的估计通常是有偏见的，因为我们的估计与真实的概率不一样。典型的是，我们高估了容易想到的事件的概率。“这样既生动又容易…… [牢记的] 死因……经常收到夸大的概率估计，然而，不太生动的原因……收到较低的估计值，即使它们发生的频率要高得多”（Thaler and Sunstein，2009，p. 25）。支持这一观点的证据是：“在地震发生后，购买新的地震 36
保单的数量急剧上升……如果洪水不是最近发生的，生活在洪泛区的人们就不太可能购买保险”（p. 25）。一个相关的因素是显著性。如果你看到一所房子被烧毁，你对火灾概率的估计可能比你只是在当地报纸上

[1] 赫伯特·西蒙使用直觉推断这个术语的方式与卡尼曼和特沃斯基不同（Heukelom，2014，p. 117）。在西蒙看来，个人和组织选择直觉推断来做决定，如果他们发现直觉推断不太令人满意，就会进行调整（p. 117）。然而，在卡尼曼和特沃斯基看来，个体无法调整自己的直觉推断（p. 118）。

看到火灾时要高。想象力是另一个与偏见相关的因素。如果你能轻易、生动地想象到与冒险、探险相关的危险，你就更有可能高估这些风险的概率（Tversky and Kahneman，1974，pp. 1127－1128）。一个稍微不同但相关的偏见是后见之明偏见。人们倾向于高估或低估后来发生的事件的概率。这可能导致放马后炮。在橄榄球比赛后的第二天，因为你对球队四分卫传球被拦截的概率的估计要高得多，但不一定那么有偏见，你可能认为你可以清楚地看到四分卫应该做些什么来避免这些拦截（Camerer and Loewenstein，2004，p. 10）。

锚定与调整

另一种判断上的偏见是由一种叫做锚定与调整的过程造成的。当一个人被要求对一件他知之甚少的事情做出判断或估计时，这种情况就会发生。在这个过程中，人们从某个初始值（锚点）开始，向上或向下调整这个值，试图得出一个比锚定值更好的估计值。偏见产生是因为所选择的调整通常是不够的（Tversky and Kahneman，1974，pp. 1128－1130）。举例来说，假设你被要求猜测/估计密尔沃基市的人口，这个城市在芝加哥以北几个小时车程（Thaler and Sunstein，2009，p. 23）。如果你是芝加哥的居民，而且你知道芝加哥的人口大约是 300 万，你也知道密尔沃基虽然规模可观，但比芝加哥要小一些。以芝加哥人口为锚点，你可能会猜测密尔沃基的人口是 100 万。现在假设你是威斯康星州格林湾的居民，这个城市有 10 万居民，你知道密尔沃基的规模更大。使用 10 万人口数据作为你的锚点，你向上调整，可能会猜测密尔沃基的人口数量是 30 万。事实上密尔沃基的人口是 58 万。在这个例子中，
37 两人都使用他们自己城市的人口作为锚定点并且朝着正确的方向调整不足，导致对密尔沃基人口的估计有偏见。这表明了人们在进行估算时是如何经常依赖某种相关的锚定的。但有证据表明，人们甚至可以受到任意锚定的强烈影响。在一项针对大学生的实验中，丹·艾瑞里（Dan Ariely，2009，pp. 26－29）要求学生写下他们愿意支付特定瓶装葡萄酒

的最高金额。在做出判断前，在他们将写下他们愿意支付金额的页面上，他们还被要求写下他们的社会保险号码的最后两位数字。艾瑞里对实验数据的分析令人惊讶地表明，学生的社会保险号确实起到了锚定的作用。“社会保险号末尾两位数字最高（80～99）的学生出价最高，而末尾两位数字最小（1～20）的学生出价最低”（p. 28）。有趣的是，一旦学生们对一瓶特定品质的葡萄酒做出了估计，“他们愿意支付［其他品质的葡萄酒］的价格……会相对于第一个价格给出”（现在是一个锚定）（p. 29）。结果是，“初始价格在很大程度上是‘任意的’，并且可能受到随机问题的回应的影响……一旦这些价格在我们的脑海中确立［锚定］，它们不仅决定了我们愿意为一件商品支付多少钱，而且决定了我们愿意为相关产品支付多少钱”（p. 30）。

代表性

代表性是特沃斯基和卡尼曼（Tversky and Kahnemam，1974）文章中分析的第三个偏见。当人们被问到此类概率性问题时，这种偏见通常会出现：物体（或事件或过程）A 属于 B 类的概率是多少？（p. 1124）。在回答这类问题时，人们通常依赖于他们对 A 的成见是否类似于或表现他们对 B 的想象。因此，当他们对 A 的成见与对 B 的成见极为相似时，他们判断 A 来自 B 的概率是高的，反之亦然（p. 1124）。考虑下面这个例子：你被要求思考一个被形容为“害羞的诗歌爱好者”的女人，她是否更有可能 1）研究中国文学或 2）研究工商管理？许多依赖他们成见的人可能会选择答案 1）。这是因为一个害羞的诗歌爱好者似乎并不与一个工商管理学生的成见相关（Kahneman，2011，p. 152）。但答
案 2）更好。商学院学生人数远远超过中国文学专业学生人数。因此， 38
商科学生群体中的害羞的诗歌爱好者很可能比中国文学学生群体中更多。毫无疑问，利用成见，即通过代表性判断，有一定的道理，在某些情况下可以是准确的。然而，使用代表性来判断概率通常会导致严重错

误，因为它没有考虑一些因素通常会影响概率判断。[①] 在上述情况下，它没有考虑商学院学生和中国文学学生各自的群体规模（Tversky and Kahneman，1974，p. 1124）。

讨 论

上面讨论的三种直觉推断（代表性、易得性、锚定和调整）中的每一种都包括人们通常用于估计概率或价值抑或选择行动的捷径规则或过程。对于代表性，直觉推断是使用两个成见的匹配来判断项目 A 属于 B 类的概率。对于易得性，直觉推断是使用一个可以很容易地想到的实例来判断不同事件的相对概率。对于锚定和调整，直觉推断是使用显著的已知值作为寻找追踪值的估计值的起点，然后，在似乎有意义的方向上调整该值。这三种直觉推断或经验法则中的每一种都可以作为一种简单、易于管理、有用、快速的方法来做出判断或帮助做出决策。但是，使用它们会导致人们产生系统的、可预测的、有时甚至是严重的错误。由于这些错误或偏见，使用这些直觉推断做出的判断和选择将偏离与新古典经济学相关的经济理性规范。发生这些错误不是因为人们没有尝试做出最好的或最优决策。与最优性之间的系统偏差的发生是由于人们做出决策的方式，即他们使用上述直觉推断和许多其他方法（Heukelom，2014，pp. 116 - 118）。应该指出的是，卡尼曼和特沃斯基并没有批评将新古典经济学的预期效用理论作为一种规范理论；他们使用这种规范理论。然而，他们强烈反对新古典经济学的判断和选择的实证的或描述性的理论（p. 127）。

为了充分理解直觉推断和由此产生的偏见，区分两种思维方式很重要。第一种思维使用自动系统（也称为系统 1）。第二种思维使用反射
39 系统（也称为系统 2）。一方面，自动系统思考是直觉、快速和本能的，

① 严格地说，使用代表性意味着决策 1）对结果的先验概率不敏感，2）对样本量不敏感，3）对可预测性不敏感，4）对机会存在误解，5）对有效性存在错觉，或 6）不考虑回归均值（Tversky and Kahneman，1974，pp. 1124 - 1126）。

它只需要很少的努力或自愿控制。利用自动思考，人们经常用他们的直觉反应迅速估计情景的状况（Thaler and Sunstein，2009，pp. 19－21；Kahneman，2011，pp. 20－21）。另一方面，反射系统思维是刻意的、有序的、努力的和自觉的，它需要自我控制和注意力（pp. 21－22）。很多时候，我们以自动或直观模式行事；此系统不能被关闭（p. 25）。正是当我们以直观、快速思考的模式做出判断和选择时，我们会自动地采用上述几种直觉推断方法。但是“自发地寻找直观的解决方案，有时会失败——既不会想到一个内行的解决方案，也不会想到一个启发式的答案。在这种情况下，我们经常发现自己会转向更慢、更慎重和更努力的思维形式”（p. 13）。关于问题的这种反思，要求我们认真对待它。这消耗了我们有限的注意力预算的一部分，从而减少了处理其他问题的注意力（p. 23）。因此，人们通常不愿意在问题上投入除绝对必要之外的更多精力（pp. 31，40－41）。应该注意的是，虽然自动、直觉的思维易受到使用直觉推断而带来的相关错误的影响，但是，这种思维方式可能是准确的，尤其是经过相当长时间的训练或练习后（p. 4；Thaler and Sunstein，2009，p. 21）。

如果人们在判断和决策中有很强的偏见趋势，他们能学会消除或减少这些偏见吗？有相关经验和专业知识的人能够避免这些错误吗？研究表明，这两个问题的答案都是否定的。不幸的是，学习似乎并不能消除或减少这些偏见（Rabin，1998，p. 31）。专家也无法避免这些偏见：

> 依赖直觉推断和偏见的盛行并不局限于门外汉。经验丰富的研究人员在凭直觉思考时，也容易产生同样的偏见。例如，［差的］预测结果最能代表数据的这种倾向，这在接受过大量统计训练的个人的直觉推断中能被观察到。虽然统计上的精密避免了基本的错误……但是，在更复杂、更不透明的问题上，他们的直觉推断也容易出现类似的谬误。(Tversky and Kahneman，1974，p. 1130)

毫无疑问，大多数人在统计思维方面有困难。但是，我们头脑还有 40

另一个令人“困惑的局限性：我们对我们认为自己知道的东西过于自信，而且，我们显然无法承认自己对这个世界的无知和不确定性”（Kahneman，2011，pp. 13 - 14）。外行和专家都过于依赖（和过于自信）他们的直觉思维（p. 45）。当然，人们有可能学会识别可能出错的情况，并更努力地避免这些错误，尤其是在存在高风险的情况下。但是，由于人们对自己的直觉过于自信，无论他们的专业知识如何，他们对错误的学习和纠正都做得太少。

前景理论

介　绍

卡尼曼和特沃斯基在发表了他们关于直觉推断和偏见（H&B）的研究之后，将注意力转向了发展前景理论（prospect theory，PT）。在20世纪70年代，使这项工作达到顶峰的是，他们于1979年在《计量经济学》（*Econometrica*）杂志上发表了一篇题为《前景理论：风险下决策的分析》（Prospect Theory：An Analysis of Decision Under Risk）的文章。前景理论本质上是直觉推断和偏见的一个扩展版本，主要关注涉及风险的财务决策（Heukelom，2014，p. 119）。就像在直觉推断和偏见中一样，前景理论中描述的人，被假设在他们的决策中依赖一组直觉推断。除了关注决策过程之外，前景理论还试图回答一个关键问题：决策者是否始终按照新古典经济学的主观期望效用理论行事？与直觉推断和偏见的调查非常相似，前景理论研究的结果是，当人们依赖于一组直觉推断时，决策结果通常会系统性地、可预测性地偏离期望效用理论的理性规范。本质上，这是因为人们缺乏按照期望效用理论行事的能力（p. 119）。请注意，尽管前景理论在很大程度上是一种认知心理学理论，但它是为吸引经济学家而精心构建的（p. 120）。

正如直觉推断和偏见中那样，前景理论将人们描述为凭直觉（自动系统思考）使用经验法则（直觉推断）做出决策。决策结果往往包含错误，因为个人经常对所涉及的概率和回报有偏见的看法（Heukelom，2014，pp. 124 – 126）。个人决策者无疑是在努力做出尽可能好的决定，但是，他们很忙，无法花时间深入仔细地思考他们所面临的各种情况的复杂性（Thaler and Sunstein，2009，p. 37）。因此，前景理论的目标是 41
记录和解释决策偏离期望效用理论的理性规范的系统性偏差。

卡尼曼和特沃斯基的实证研究通常是在实验室中进行的，实验对象通常会被告知财务结果和不同的可能性，并被要求做出决定（Heukelom，2014，p. 121）。实验室决策者所面临的选择通常包含货币损失的风险和货币收益的机会。在这些相对简单的假设情境中，被试者是否愿意（或不愿意）冒险（Kahneman，2011，pp. 283 – 284）？

要理解前景理论的贡献，我们可以从丹尼尔·伯努利（Daniel Bernoulli）在 1738 年提出的见解开始（Kahneman，2011，pp. 272 – 275）。他的见解涉及一个人对他可能期望得到的两种货币数额 A 和 B 的值的比较。为了比较这两种数额，首先必须调整这些数额，使其反映所涉金钱的心理价值或意愿（效用）。其次，这个人必须用 A 和 B 的效用乘以收到钱数的各自的概率。因此，在伯努利的观点中，一个人应该比较的是 A 和 B 的效用的期望值。更进一步，伯努利的理论假设，正是一个人的财富的效用才使他幸福（p. 275）。因此，要比较杰克和吉尔这两个人的幸福，不仅要考虑他们收到的金额的期望值，还要考虑收到的金额将如何对杰克和吉尔的最终财富做出贡献。注意，伯努利使用的效用值是杰克和吉尔财富的期望效用。在这方面，根据前景理论，伯努利的分析包含一个严重的错误。伯努利的理论假设…… [一个人的] 财富的效用使得…… [这个人] 或多或少感到幸福（p. 275）。前景理论修正了这一假设，它解释说，一个人从收到一笔钱中所体验到的幸福是由相对于参考点的财富效用的变化所决定的。拥有不同初始财富数量的不同的人，他们在收到一定数量的钱时会有不同的价值观。因此，通过将相关决策结果定义为效用（心理价值）的得失，而不是财富状态，前景理论改进了传统的经济学识（p. 279）。

前景理论的主要特点

42 前景理论分析的一个关键特征是：一个人对风险选择结果的评价是相对于一个中性的参考点做出的。参考点可以是一个起点，这个起点可以是一个适应水平、一个人们已经适应的水平。或者，参考点可以仅仅是现状；又或许是人们觉得自己有权得到的结果。如果一个结果的值高于参考点，则选择它会产生收益；如果低于参考点，选择它就会产生损失（Kahneman，2011，p. 282）。前景理论从某个参考点关注这些收益和损失、财富或福利的变化。亮度、响度、温度等刺激以及非感官属性（健康、声望和财富）相对于参考点来说，都是可以感知的（Heukelom，2014，pp. 123－124）。需要注意的是，收益和损失，特别是有相应概率的物质回报，通常是主观感知的，因此，感知值与客观的变化的度量只有松散的联系。

与前景理论研究结果相关的另一个共同特征是敏感性递减（Kahneman，2011，pp. 282－283）。这一特征类似于边际效用递减的经济学原理。当额外收获（比如财富、健康或营养）的额外心理价值变得越来越小时，敏感性就会降低。敏感性的下降也适用于损失，比如，当心理价值上的额外损失随着商品价值的额外损失越来越小时。灵敏度递减也适用于像光源这样的现象（p. 283）。当一个黑暗的房间里增加一点额外的光线时，效果会比较大。然而，在一个已经灯火通明的房间里增加同样的额外光线，效果相对会小得多。

损失厌恶

人们行为的一个重要方面是他们如何衡量得失。大多数人讨厌损失，他们对损失的心理价值高于对收益的心理价值。考虑一个相对简单的例子。

有人给你一次掷硬币的机会。

如果硬币反面朝上，你会损失 100 美元。

如果硬币正面朝上，你将赢得 150 美元。

这场赌博有吸引力吗？你会接受吗？（Kahneman，2011，p. 283）

研究表明，对大多数人来说，失去 100 美元的可能性（或恐惧）比 43
得到 150 美元的希望更强烈。一个典型的人需要 200 美元的收益来平衡 100 美元的损失（p. 284）。这种损失厌恶容易产生惰性；人们倾向于维持现状，而不是遭受痛苦的损失（Thaler and Sunstein，2009，pp. 33－34）。职业高尔夫球手的击球决策就是一个很好的例子。一名高尔夫球手可能处于这样一个位置，他可以采取一个相对安全的推杆达到标准杆，或者可以尝试一个冒险的推杆，以达到一个小鸟（低于标准杆一杆），但会承受柏忌（超过标准杆一杆）的风险。有证据表明，对失败（柏忌）的恐惧导致高尔夫球手更频繁、更成功地推杆，尽管锦标赛对小鸟有奖励（Kahneman，2011，pp. 303－304）。在其他情况下，损失厌恶可能会产生重要影响，包括评估初创企业的投资者、不知道是否要提起诉讼的律师、认为受到冒犯的战时将领，以及必须决定是否竞选公职的政治家（p. 283）。总的来说，损失厌恶是一股强大的保守力量，它倾向于在机构和个人的生活现状中做出最小的改变。这种保守主义帮助我们在邻里、婚姻和工作中保持稳定；是把我们的生活维系在参考点附近的引力（p. 305）。

在卡尼曼和特沃斯基（Kahneman and Tversky，1979，p. 279）关于前景理论的原始文章中，他们绘制了一个值函数的图。下面的图 4－1 显示了一个假设的值函数的图形。心理价值绘制在图的纵轴上；正值位于原点上方，负值位于原点下方。横轴原点的右侧度量的是收益，原点的左侧是损失，原点是一个中性参考点。在原点右侧，值函数呈凸形递增；随着收益的增加，相应的值增加在减少。这反映了敏感性递减。在原点左侧，价值函数呈凹形递减；随着损失的增加，相应的价值减少也在减少。这也反映了敏感性递减。同样值得注意的是，价值曲线的斜率在参考点（原点）处突然变化。曲线的斜率表示收益或损失的值。由于损失厌恶，值函数在损失区域的斜率比其在收益区域的斜率更陡峭。这是因为对于任何给定的收益或损失金额，损失的值大于收益的值（损失厌恶）。换句话说，对于一个经历了相同金额的损失和收益的人来说，损失的影响大于收益。

44

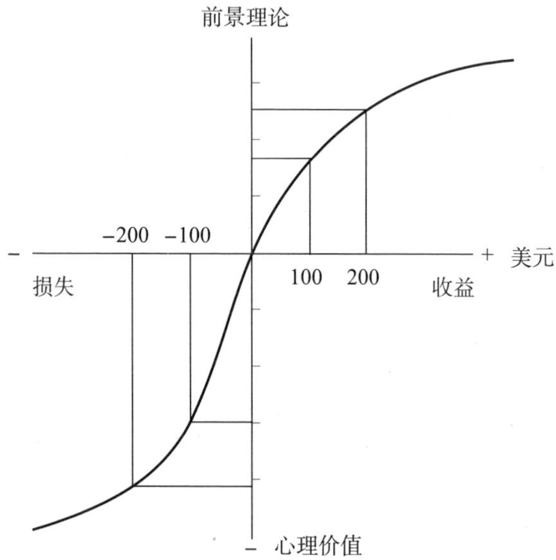

图 4－1　前景理论图

禀赋效应

禀赋效应是另一个值得注意的行为规律，从新古典经济学的角度来看，它是不理性的。大家所观察到的是，人们放弃一件物品总是比他们愿意获得它付出的代价要高得多（Kahneman，Knetsch，and Thaler，1991）。禀赋效应是指那些拥有某件物品并且比那些不拥有这件物品的人更珍惜它的人。放弃该物品被认为是一种损失，因为损失的价值要比收益的价值更大（损失厌恶），拥有该物品的人坚持要求得到一笔钱，以反映他们的损失所带来的痛苦，而这笔钱远远大于他们最初为得到该物品而支付的金额。一个经典的例子是这样一个实验：在随机选择的实验对象中，有一半人在书店里拿到了一个装饰精美的康奈尔大学咖啡杯，价格为 6 美元。然后，他们被问及愿意以什么样的最低价格出售这

个杯子。为了得到这个杯子，另一半的受试者必须提出用多少钱来购买
它。结果是戏剧性的：平均售价大约是平均买入价的两倍（Kahne-
man，2011，p. 295）。显然，卖家开出的高价表明，他们坚持要为放弃
杯子的痛苦得到补偿（p. 296）。在这个实验中，另一组被称为“选择 45
者”的实验对象没有得到杯子，但如果他们同意将杯子的所有权转让给其他人，就可以得到一笔钱。可供选择者接受的金额大约是卖方所要求的金额的一半。从严格的经济学角度来看，这是没有道理的。这两种情况的唯一区别是，卖家放弃了他们拥有的杯子，而选择者只是放弃了拥有杯子的权利（Camerer and Loewenstein，2004，p. 16）。只有当我们考虑到杯子主人极不情愿放弃他们的禀赋时，卖家和消费者的不同行为才有意义（p. 296）。在类似的实验中也发现了禀赋效应。在这些情况下发现了特别有趣的结果：1）教授不愿意将他收藏的旧葡萄酒酒瓶卖出，2）杜克大学的学生不愿意出售他们赢来的去观看杜克全国冠军篮球比赛的门票，以及 3）那些拒绝出售一些自己珍爱杂物的人（Ariely，2009，pp. 129 - 134）。禀赋效应有一个显著的例外。在这种情况下，所讨论的货物是用来交换而不是使用的。如果你是一名专业的交易者，你在卖出一件商品时，通常不会经历损失。当你放弃金钱去购买你想要的商品时，你也不太可能经历损失（Kahneman，2011，p. 294）。贸易货物和货币是用来交换而不是使用的。

维持现状偏见

如前所述，损失厌恶是人们选择维持现状的一个重要原因。人们通常不愿意改变他们的处境，因为他们相信损失的痛苦将大大超过收益的价值。在其他情况下，维持现状偏见是由于惯性力量的问题（Thaler and Sunstein，2009，p. 8）。学生们通常每节课都坐在教室的同一个位置，选择退休储蓄计划的人通常会选择一个计划，然后就不再改变（p. 34）。“造成维持现状偏见的另一个原因是缺乏关注…… ［有时被称为］‘随意的’直觉推断”（p. 35）。由于这些原因，人们强烈倾向于接

受他们购买的消费电子设备的默认选项。消费者接受默认选项的另一个原因可能是默认设置似乎“隐含了出自默认设置者的禀赋”（p. 35）。另一个更复杂的倾向于维持现状的情况是谈判，在这种情况下，只有在
46 各方都接受损失以换取利益时才能达成一项解决办法。因为失去带来的痛苦总是大于得到的快乐，超越现状，达成一个双方都能接受的协议通常是相当困难的（Kahneman，2011，pp. 304－305）。一项关于新泽西州和宾夕法尼亚州两种汽车保险的决策研究，揭示了一种有趣的维持现状偏见（Hershey et al.，1990）。作者发现居民……［在这两个州］从非常相似的一组选择中选择了不同的保险选项，仅仅是基于哪个选项是默认选项（Weber and Dawes，2005，pp. 11－12；也可参见 Kahneman，Knetsch，and Thaler，1991，p. 199）。

框　定

在某些情况下，人们在决策问题中很容易犯较大的、系统性的、可预见性的错误，这主要取决于问题是如何构成的。正如特沃斯基和卡尼曼（Tversky and Kahneman，1981，p. 453）所指出的，“通常可以用多种方法来构建一个给定的决策问题”。在决策问题的表述方式上，看似无关紧要的改变可能会导致人们做出不同的决策，而且往往是不那么理性的选择（p. 457）。换句话说，当一个问题的逻辑等价（但不透明等价）陈述导致决策者选择一个较差的选项时，框定偏见就会发生（Rabin，1998，p. 36）。不同的框定可能会引发不同的情绪反应，从而引发不同的自动（或系统 1）思考（Kahneman，2011，p. 88）。例如，一个框定可能会突出货币损失，而另一个框定可能会将注意力吸引到收益上。或者决策问题可能涉及医疗治疗的生存或死亡结果。假设你患有严重的心脏病，并且你的医生建议进行重大手术（Thaler and Sunstein，2009，p. 36）。你的医生可能会说：“在做过这个手术的 100 名病人中，有 90 人在手术后的 5 年内仍然健在。”或者假设他用另一种方式说道：“在做过这种手术的 100 名病人中，有 10 人在 5 年后去世。”如

果你和大多数人一样，假如医生用第二种方式告知你，你就不太可能选择手术了。因为第二个声明突出了死亡而不是存活。由于你对死亡想法的情绪反应，你的自动系统更有可能导致你拒绝手术，即使两份医生声明的内容是一样的。另一个有趣的框定例子涉及零售商想要向他们的现金和信用卡客户收取的不同价格（p. 36；Tversky and Kahneman， 47
1981，p. 456）。零售商要求信用卡客户支付额外费用（即支付得比现金客户多）。然而，当情况被重构为信用卡客户支付正常或默认价格，现金客户接受折扣时，这种阻力基本上消失了。在这种框定很重要的情况下，人们是否有可能付出额外的努力，转而使用他们的反思（系统 2）思维，以理解框定，以及它可能如何影响他们的选择？答案是肯定的。但是正如塞勒和桑斯坦（Thaler and Sunstein，2009，p. 37）指出的那样，人们往往是一些没有头脑的被动决策者，他们不愿意进行反思。

心理核算

心理核算是指人们如何组织与决策相关的信息。它与跟踪现金流向和控制支出有很大关系（Kahneman and Tversky，2000，p. xiv；Thaler，1999，p. 184）。心理核算与财务会计有相似之处，财务会计处理的是记录和汇总业务交易，并受许多成文规则和惯例的约束。与财务会计不同，心理核算没有成文的规则；只有通过观察和推断行为才能了解心理核算的规则（p. 184）。几乎所有人都使用心理核算，但在很多情况下，他们并没有意识到这一点（Thaler and Sunstein，2009，p. 50）。心理核算在某种意义上是一个人或家庭所面临的决策情况的框定。这种框定会导致人们做出不同的决定（Thaler，1999，p. 186）。使用心理核算，人们将一些信息集合在一起，并"以经常违反经济理论的标准假设"的方式分离其他信息（Kahneman and Tversky，2000，p. xiv）。

心理核算的程序的开发是为了帮助人们节省时间和思考成本，并处理他们的自我控制问题。毫无疑问，这些程序并不完美；有时它们会造成其他困难（Thaler，1999，pp. 202－203）。许多人遇到的一个常见的自我控制问题，就是为特定的目标攒足够的钱。为了解决这个问题，人
48 们通常会设立专门用于特定目的的心理储蓄账户，比如教育、退休、医疗问题、雨天，甚至是娱乐。开设这些账户的目的是让我们把钱花在指定的用途上，让我们不情愿把钱花在其他用途上。它是一种社会自我控制（Kahneman，2011，pp. 342－343；Thaler and Sunstein，2009，pp. 51－52）。使用这样的心理核算违反了假定货币具有可替代性的标准经济学理论。当货币是可替代的时，货币可以用于任何目的。传统上，经济学家指出，把钱只用于某些类型的支出是不合理的（Thaler，1999，p. 185）。即使从严格的经济学角度来看，心理核算是非理性的，但它也很重要，因为它对人们的选择有着重要的影响，而且它为人们提供了一种自我控制和可管理性的衡量标准，往往能在情感上得到满足。尽管有这些好处，使用心理核算可能也会导致有问题的情况，例如，当人们需要花钱来处理紧急情况时，他们不能花手头的钱，因为这些钱与特定的心理账户有关。因此，这些人可能被迫以大大高于其储蓄账户利率的利率借钱。

心理核算在赌场也同样有效。赌徒们通常把他们赢来的钱叫做“赌资”，然后把这些钱放在与本金不同的口袋里。这些赌徒通常更愿意用“赌资”去赌博，并承担更高的风险（Thaler and Sunstein，2009，pp. 50－51）。心理核算涉及股票市场投资是另一个例子。假设你需要钱用于一个重要的目的，比如

> 你女儿婚礼的费用，需要卖掉一些股票进行支付。你记得每只股票的买入价，并能确定某只股票是“赢家”，因为目前它的价值高于你的买入价，反之，这只股票就是“输家”。在你拥有的股票中，蓝莓瓷砖是“赢家”；如果你今天卖掉它，你将获得5 000美元的收益。你对蒂芙尼汽车公司也有同样的投资，目前比你当初购买时要少花5 000美元……你更愿意卖哪个？（Kahneman，2011，p. 344）

假设就像许多人通常做的那样，你认为这两只股票在不同的心理账
户中。一个账户包含成功的投资；另一个是失败者。如果你出售蓝莓瓷
砖并关闭这个账户，它将带给你体验胜利的喜悦。如果你卖掉蒂芙尼汽
车，关闭这个账户，你将经历痛苦的损失。这就是为什么金融学研究表
明，投资者更倾向于卖出赢者，而不是输者（p. 344）。尽管从心理角 49
度看，总是卖出赢者是可以理解的，但从经济角度来看，这样做往往是
不理性的。“一个理性的经纪人会对投资组合有一个全面的看法，并卖
出未来表现最不可能好的股票，而不考虑它是‘赢者’还是‘输者’”
（p. 344）。

讨　论

到 20 世纪 80 年代初，卡尼曼和特沃斯基在理查德·塞勒等人的帮助下，构建了心理经济学的基本要素，即直觉推断、偏见和前景理论。很明显，这些贡献证实了新古典经济学期望效用理论是错误的，至少作为一种描述性理论是错误的。卡尼曼和特沃斯基的研究清楚地表明，期望效用理论作为一种关于人们如何做出决策或与决策结果相关的理论是站不住脚的，原因有很多。值得注意的是，卡尼曼和特沃斯基并没有对新古典经济学关于理性的规范性观点提出异议。到 20 世纪 80 年代，直觉推断、偏见和前景理论的研究逐渐得到认可，且被认为是一项艰巨任务的重要组成部分，这项任务是找出人类决策系统性地、可预见地偏离经济理性的多种方式。卡尼曼和特沃斯基的心理经济学研究在经济学与认知心理学相结合的过程中也发挥了极其重要的作用，为后来的许多行为经济学应用提供了基础。

由于心理经济学强调理解人类为什么常常不完全理性，一些经济学家批评心理经济学对人类理性能力持不公正的负面看法。批评者认为，如果人类能把人们送上月球并安全返回，他们不可能那么不理性

(Heukelom, 2014, p. 125)。卡尼曼似乎对这些批评进行了反思。最近，他在一定程度上缓和了自己的观点，他承认他现在理解直觉思维的奇迹和缺陷（Kahneman, 2011, p. 10)。与此相关，有趣的是，最近一些行为经济学家已经开始解释并提倡“聪明人的行为经济学”，
50 它的重点是使人了解人们比心理经济学研究中所描述的更理性、更有能力，但远没有新古典经济学中的经济人那么理性（参见 Altman，即将出版)。

应该指出的是，“卡尼曼和特沃斯基的方法与［赫伯特·］西蒙的方法在……根本上是不同的”(Heukelom, 2014, p. 127)。不像卡尼曼和特沃斯基，西蒙“认为［新古典经济学］已经完全走上了错误的轨道”(p. 127)。西蒙不仅否定了新古典经济学的描述性决策理论，而且强烈批判新古典经济学的规范性决策理论（p. 127)。

在几个非常重要的方面，心理经济学可以说是比新古典经济学更好的经济科学。基本上，新古典经济学的方法包含了个人主义、假设的数学形式化和复杂的统计/实证分析，需要“高度简化和程式化的人类认知、偏好和行为模型，在每种情况下都忽略了大量的心理现实”(Rabin, 2002, p. 672)。这使得我们有必要忽视人类本性的重要方面。“相比之下，心理学却……深入挖掘人类本性的细节，并不是……痴迷于它的数学精度、通用性和经验的可实现性”(p. 672)。显然，心理经济学方法以及它将心理现实论与经济学相结合是对新古典经济学的重要改进。

值得注意的是，卡尼曼和特沃斯基在他们早期的研究工作中使用的研究方法与经济学家通常使用的研究方法有很大的不同，这也是他们研究成功的一个重要原因。详细介绍他们的研究方法超出了本章的范围，但是，考虑他们的方法的一些特点是很有趣的。首先，他们的实验通常是在心理学家的传统实验环境中进行的，实验对象相对较少。其次，针对个体被试者的实验相对耗时较长。最后，他们的实验室实验提供了所有相关变量都可以被检测和控制的设置（Heukelom, 2014, pp. 128－

129)。他们使用的另一种实验方法是：由以学生为主的被试者填写假设性问题的问卷（p. 129)。“可以肯定地说，如果没有假设问题的方法，他们就不可能发展出直觉推断、偏见和前景理论”（p. 130)。

虽然卡尼曼和特沃斯基是心理学家，但很明显，他们渴望为经济学 51
家理解人们如何做出选择做出重大贡献。在这方面，他们成功了。但值得注意的是，他们并没有试图成为经济学家。“他们想要做的是改变经济学和心理学的界限，使他们的工作和经济学成为同一行为科学的一部分”（p. 127)。由于卡尼曼和特沃斯基接受了经济学家的许多科学规范和方法，包括把经济理性作为一种规范，因此，认为他们是一种新范式的创造者似乎是不正确的。然而，很明显，他们的工作对行为经济学的成功出现起到了重要作用。近年来，行为经济学的出现使经济学的实践产生了重大的变革。

参考文献

Altman, Morris. Forthcoming. *Handbook of Behavioral Economics and Smart Decision-Making: Rational Decision-Making Within the Bounds of Reason*. Cheltenham, UK and Northampton, MA: Edward Elgar Publishing.

Angner, Erik and Loewenstein, George. 2012. “Behavioral Economics” (January 14, 2007), in Uskali Maki (ed) *Handbook of the Philosophy of Science: Philosophy of Economics*, Amsterdam: Elsevier, 641－690. Available at SSRN.

Ariely, Dan. 2009. *Predictably Irrational: The Hidden Forces That Shape Our Decisions*. Revised edition. New York: HarperCollins.

Camerer, Colin F. and Loewenstein, George. 2004. “Behavioral Economics: Past, Present, Future,” in Camerer, Colin F., Loewenstein, George and Rabin, Matthew (eds) *Advances in Behavioral Economics*. New York: Princeton University Press, 3－51.

Hastie, Reid and Dawes, Robyn. 2001. *Rational Choice in an Uncertain World: The*

Psychology of Judgment and Decision Making. Thousand Oaks: Sage Publications.

Hershey, John, Johnson, Eric, Meszaros, Jacqueline and Robinson, Matthew. 1990. "What Is the Right to Sue Worth?" Wharton School, University of Pennsylvania, June.

Heukelom, Floris. 2014. *Behavioral Economics: A History*. New York: Cambridge University Press.

Kahneman, Daniel. 2011. *Thinking Fast and Slow*. New York: Farrar, Strauss, and Giroux.

Kahneman, Daniel and Tversky, Amos. 1979. "Prospect Theory: An Analysis of Decision Under Risk," *Econometrica*, 47 (2), March, 263 - 291.

Kahneman, Daniel and Tversky, Amos. 2000. *Choices, Values, and Frames*. Cambridge: Cambridge University Press.

Kahneman, Daniel, Knetsch, Jack L. and Thaler, Richard H. 1991. "The Endowment Effect, Loss Aversion, and Status Quo Bias," *Journal of Economic Perspectives*, 5 (1), Winter, 193 - 206.

Rabin, Matthew. 1996. "Daniel Kahneman and Amos Tversky," in Samuels, Warren J. (ed) *American Economists of the Late Twentieth Century*. Cheltenham UK, and Brookfield, VT: Edward Elgar Publishing Ltd, 111 - 137.

Rabin, Matthew. 1998. "Psychology and Economics," *Journal of Economic Literature*, 36 (1), March, 11 - 46.

Rabin, Matthew. 2002. "A Perspective on Psychology and Economics," *European Economic Review*, 46, 657 - 685.

Thaler, Richard H. 1999. "Mental Accounting Matters," *Journal of Behavioral Decision Making*, 12 (3), 183 - 206.

Thaler, Richard H. and Sunstein, Cass R. 2009. *Nudge: Improving Decisions About Health, Wealth, and Happiness*. Revised. New York, Penguin Books.

Tversky, Amos and Kahneman, Daniel. 1974. "Judgment under Uncertainty: Heuristics and Biases," *Science*, 185 (4157), September 27, 1124 - 1131.

Tversky, Amos and Kahneman, Daniel. 1981. "The Framing of Decisions and the

Psychology of Choice," *Science*, 211 (4481), January 30, 453 - 458.

Weber, Roberto and Dawes, Robyn. 2005. "Behavioral Economics," in Smelser, Neil J. and Swedberg, Richard (eds) *The Handbook of Economic Sociology*, 2nd Edition, Princeton: Princeton University Press, 90 - 108.

第5章　心理经济学：重要的进展

53　这一章讨论了心理经济学领域的一些重要进展。本章有四个主要部分，每一部分分别介绍了一个重要的新古典经济学的行为假设的缺陷，以及为了在理解人类行为方面更准确和更现实，行为经济学家所做的研究工作。

情绪对判断和决策的影响

如第 2 章所述，新古典主义经济学家认为，决策是一个认知过程，在这个过程中，决策者关注替代行动的价值，以确定哪个行动是最优的，应选择哪个行动。新古典经济学的决策者被假设为以完全冷静的方式做出决策。在卡尼曼和特沃斯基关于直觉推断、偏见和前景理论的早期决策理论研究中，他们也将决策本质上理解为一个认知过程（Loewenstien and Lerner，2003，p. 619）。卡尼曼和特沃斯基的心理经济学与新古典经济学在决策方面的不同之处在于，心理经济学识别并解释了人们在判断未来结果的可能性时所犯的认知错误（p. 619；Angner and Loewenstein，2007，pp. 50-51）。近几十年来，心理经济学研究人员，尤其是乔治·洛文斯坦，带头解释了非认知因素（如情绪）如何对判断和决策产生非常重要的影响。在洛文斯坦看来，情绪，尤其是在做决定时的情绪……通常推动［人们的］行为朝着不同于［冷静地］权衡不同行动的长期成本和收益所决定的方向发展（Loewenstein，2000，p. 426）。所以，理解人类的情感对于理解人类的决策是至关重要的。但应该指出的是，理解人类的情感对于理解人类行为的其他许多方面也是至关重要的，因为没有情感这一内容，人类的行为即使是聪明的，也 54
会失去赋予生活丰富内涵的事物。

要了解情绪是如何影响经济决策的，可以从洛文斯坦（Loewenstein，2000，p. 426）关于内在因素的理论开始。"内在因素指的是一系列广泛的负面情绪（如愤怒、恐惧）、驱动状态（如饥饿、口渴、性欲）和感觉状态（如疼痛），这些内在因素会吸引人们的注意力，促使他们做出特定的行为。"内在因素"受身体内部状态变化的影响"，"能迅速改变人的欲望"（p. 426）。内在因素通常被认为是一种破坏性的力量，但它们也是一个人维持人们日常工作质量所需的基本因素（pp. 426-427）。与传统的情绪观点相反，内在因素的影响是系统的、高度可预测的。在洛文斯坦的模型中（p. 427），个人从消费活动（c）中获得的效用或满意度（u）取决于他的消费量和他相应的内在状态（s）。数学公式为：$u=f(c,s)$。

这意味着一个人从某种特定的消费中所获得的效用将取决于这种消费的数量，以及这种特定的消费活动与内在因素之间的相关程度（pp. 427-428）。例如，当一个人被剥夺了某种类型的消费活动，这个人可能会产生非常强烈的情绪（内在因素），最终会感觉越来越糟。因此，在某一时刻，这个人从额外消费商品/活动中获得的额外满足感会越来越大。就食物而言，持续的剥夺会导致越来越强烈的饥饿，这会导致个人加强他对获取食物的关注，并减少他对生活其他方面的关注。就可卡因而言，被剥夺可卡因的瘾君子将会经历非常强烈的渴望。因此，所有成瘾者的思想和注意力都将集中于获得可卡因，而对营养、睡眠、亲人、责任等所有其他事情的注意力将会丧失（p. 428）。这就是为什么“内在因素常常驱使人们做出与自利相悖的行为”（p. 428）。

为了充分理解内在因素对决策的影响，有必要指出，这些因素的影响取决于它们的强度水平。在低强度水平下，内在因素对一个人的决策
55 质量几乎没有任何负面影响（Loewenstein，1996，p. 273）。然而，随着内在因素强度的增加，个人的决策受到越来越多的负面影响。在中等强度的情况下，决策者往往会冲动行事，并努力进行自我控制（p. 273）。“在更强烈的水平上，内在因素强大到以至于在任何意义上，几乎都会妨碍决策”（p. 273）。

我们进一步考虑一下在中等强度下内在因素的影响，即在这种情况下，这些因素对行为有重要影响，但不是压倒性的。如果一个人在这种情况下试图以一种谨慎、深思熟虑的方式做出决定，那么内在因素可以推翻这种深思熟虑（Loewenstein，2000，p. 428）。在这种情况下，人们往往知道他们没有以符合自利的方式行事。他们意识到在他们被迫做的事情和他们觉得最好做的事情之间存在着分歧。

为了更好地理解决策者的行为，了解这个人是否正处于“冷”状态（如不饿、不生气、不疼等）或者“热”状态（如渴望、生气、嫉妒、伤心等）是很重要的。

> 在“冷”状态下……很难想象出在“热”状态下会是什么感觉……或是想象出一个人在这样的状态下会如何表现。同样地，当处于“热”状态时，人们很难想象自己处于“冷”状态下的表现，并且会错误地估计这种状态消散的速度。研究已经证实了这些热—冷认同鸿沟（在不同的内在状态之间发生的误判）。（Loewenstein，2000，p. 428）

那些意识到自己的内在因素可能会产生有害影响的人会试图抵制它

们在未来可能产生的影响。然而，这通常是行不通的，因为处于“冷”状态的人们低估了他们未来的“热”状态带来的影响。

有两大类行为是内在因素操纵的特别有趣和重要的例子。这两大类行为是谈判行为和跨期选择。在谈判行为的情况下，人们对与他们谈判的人的愤怒可能导致一个谈判者的行为违背他自己和其他谈判者的利益（Loewenstein，2000）：

> 在所有内在因素的经典模式中，愤怒的谈判者变得痴迷于给对方造成痛苦，迫不及待地施加这种痛苦（而且，对这样做的长期后果相对漠不关心），以及自私（即，不关心对其他方面的附带损害）。(p. 430) 56

另一个与内在因素特别相关的情况是，那些被导致以一种表明他们对未来极度低估的方式行事的原本正常的人：

> 因为“路怒症”，亚拉巴马州郊区的母亲们为了一个小误会互相开枪；政客和商界领袖卷入性丑闻，毁掉了他们的职业生涯；拥有漂亮外表的人却无法坚持他们的健康饮食。(p. 430)

艾瑞里和洛文斯坦（Ariely and Loewenstein，2006）的文章报告了一项关于决策中情绪的有趣且有争议的研究。这是一个关于性唤起对性判断和决策影响的实证研究。研究结果普遍支持上述关于情绪对决策影响的解释。研究对象为男大学生，其中一组人被色情照片和自我刺激引起了高度的性欲；另一组（对照组）则处于中性状态。这些学生被要求“1）表明他们对各种各样的性刺激和性活动有多感兴趣；2）报告他们为了获得性满足，是否愿意参与不道德的行为；和 3）描述他们在性唤起时，进行不安全性行为的意愿”（p. 87）。不出所料，对所列活动吸引力的研究结果表明，这些活动对有性欲的学生来说比对没有性欲的学生更具性吸引力（p. 95）。相对于其他目标，性唤起也会影响性动机的强度（p. 95）。性唤起降低了“其他因素的相对重要性，比如，对潜在性伴侣的道德行为”（p. 95）。总的来说，研究结果表明，对于被唤起的被试者，性满足之外的其他目标会被性动机所掩盖（p. 95）。研究结果表明，强烈的性情感对性决策和判断具有非常重要的影响。另一个有趣的发现是“变化的移情温差”的存在，因为没有被性唤起的受试者无法意识到，性唤起对他们的判断和决策的影响有多大。

57 保罗·斯洛维奇（Paul Slovic）和他的合作者发展了另一种方法来理解人类情绪如何影响决策。他们使用了直觉推断的概念，这与卡尼曼和特沃斯基的直觉推断研究有明显的联系。在斯洛维奇的研究中，情感指的是由于我们所经历的对正在评估或决定的事情的感觉而产生的一种特殊的好或坏的实质。换句话说，情感指的是我们的情绪经历，它已经依附于我们所关注的事物（Slovic et al.，2002，p. 397）。我们会快速和自动地经历这种情感反应。当我们在决策和判断中依赖于情感时，我们在一定程度上使用情感直觉推断作为谨慎的认知、分析和协商过程的替代品或补充。例如，人们在选择所要购买的东西时，使用情感直觉推断法，因为考虑到我们在市场上经常面临的复杂、不确定的情况，依赖于情感是一种更快、更容易、或许更有效地做出购买决定的方法（p. 398）。应该指出的是，情感往往包含人们可能没有意识到的微妙感受，而这些感受往往受到我们过去经历的制约（pp. 398－401）。因此，人们“对一项活动或技术的判断不仅基于他们对它的*看法*，还基于他们对它的*感觉*。如果他们喜欢某项活动，他们就会将其判断为低风险高收益；如果他们不喜欢它，他们的判断会是相反的——高风险低收益”（pp. 410－411）。

虽然依赖直觉推断是有用且有效的，但是，它也会欺骗决策者。人类的经验系统有其局限性，我们的情感反应可以被那些希望控制我们行为的人所操纵（p. 416）。后者的一个例子是广告，例如，香烟广告竟能唤起积极的情感，并降低我们对风险的感知（p. 417）。因此，直觉推断的速度、微妙、复杂，以及它润滑理性的能力是惊人的，[但是]它对环境和经验的依赖让我们被无声无息地误导或操纵……又是可怕的（pp. 419－420）。

综上所述，由于人们对情境的纯粹认知评估往往与他们在受到情感影响时所做的评估大相径庭，因此，经济学家将情绪纳入他们的决策理论中是至关重要的。情绪是许多人自我控制问题的核心，如与饥饿和节
食、悲伤和冲动自杀、愤怒和暴力、性欲和性犯罪、恐惧和恐慌等相关 58
的问题（Loewenstein，2000，p. 430）。除非我们考虑情绪因素，否则很难理解人们在情绪激动时是如何自我毁灭的。此外，越来越明显的是，许多早先被视为是认知方面的偏见……事实上可能反映了［情绪］的影响（Angner and Loewenstein，2007，p. 51）。值得注意的是，重要的经济决策，如重大购买，往往会唤起强烈的情绪（Rick and Loewenstein，2008，p. 150）。新古典主义经济学家习惯上把情绪排除在他们的分析之外，因为他们认为这些影响是短暂的、不重要的（Loewenstein，2000，p. 431）。幸运的是，行为经济学家不同意后一种观点，他们正在研究以各种各样的方式在分析判断和决策中融入情绪（p. 431）。

利己和社会偏好

在解释新古典经济学和行为经济学之间的区别时，以往的重点一直是比较新古典经济学中经济行为者（经济人）的理性与心理经济学中经济行为者（常人）经常缺乏理性。然而，经济人和常人之间还有一个重要的区别；这与利己动机有关。与只追求利己的经济人不同，常人（除了具有有限的理性）是有限的利己主义者或是“有限地自私”（Mullainathan and Thaler，2000，p. 5）。这意味着，与只关心自己幸福的经济人不同，常人有动机关心他人的幸福、关心他人的结果（Rabin，2002，p. 661）。这种行为是利他的，因为常人愿意为了他人牺牲自己的幸福。人们通常是利他主义的，关心所有其他人的幸福，有时他们会以利他主义的方式来对待特定的他人，比如，家人和朋友（p. 665）。与利己的经济人相比，“人们更关心资源分配的公平与公正……及关心意

图和动机，并想要回报他人或好或坏的行为”（p. 665）。

行为经济学家广泛研究了他们关于利己主义的行为假设是否正确。一个重要的研究方向是实验室实验。其中，最引人注目的是在 20 世纪 80 年代早期由柏林洪堡大学沃纳·古斯教授（Werner Guth）和他的同事最先开发的最后通牒博弈（Guth et al.，1982）。最后通牒博弈相对
59 简单：一笔钱，比如说 100 美元，被分配给两个玩家。第一个玩家，也叫提议者，提议将钱的一部分，即 X，给第二个玩家；第二个玩家，也称回应者。假设 X 是 20 美元。回应者可以保留这个数额；因此，提议者可以保留其余的 100－X 或 80 美元。或者，回应者可以拒绝提议者的提议，在这种情况下，双方都没有任何收益。注意，这些玩家都是匿名的，永远不会再见面。一方面，如果回应者是一个经济人，是纯粹的利己主义者，她会接受任何正数的金额，即使是 10 美分或 1 美分。毕竟，如果她不接受这一小笔钱，她最终将一无所有。从纯粹的利己角度出发，拥有 1 美分总比没有好。另一方面，提议者在某种意义上是在发出最后通牒。他的意思是：这是我最好的出价，要不要随你。

结果表明，在这些最后通牒博弈中，回应者的行为与新古典经济学预测会出现的纯利己行为存在显著差异。在关于 20 多个国家的研究中，绝大多数提议者提供了总数的三分之一到一半；而回应者拒绝不到总数四分之一的提议的情况大约占一半（Camerer and Loewenstein，2004，p. 27）。为什么回应者拒绝接受符合他们利己的提议？考虑这样一个回应者，提议者向他提供了 100 美元中的 8 美元。根据拉宾（Rabin，2002，pp. 667－668）的观点，接下去通常会发生的事情不难理解。回应者愿意“牺牲 8 美元来惩罚一个想要把 100 美元分成 92 美元/ 8 美元，而不是 50 美元/ 50 美元（或至少 60 美元/ 40 美元）的混蛋。”这些回应者有意识地拒绝不公平的提议，并采取报复行动。他们不仅仅是利己；他们“喜欢公平和报复”。

行为经济学家已经收集了大量的其他种类证据，这些证据表明常人关心他人，而不仅仅是自己。可以很自然地得出：如果人们只关心他们

自己，他们会总是“搭便车”，绝不会自愿为公共物品买单或做出贡献。公共物品是每个人都可以消费而不会减少其他人消费的物品，并且不能将任何人排除在外，使其不去消费它。烟花表演就是一个很好的例子。在这些公共物品的情况中，存在一个社会困境，因为尽管每个人都有“搭便车”的动机，但是，如果没有人“搭便车”的话，每个人的境况都会变得更好（Chaudhuri，2009，pp. 125 - 128）。“实验室进行的造成社会困境的实验中，团体通常将其40%～60%的股份贡献给公益事业。
因此，相比于他们都是利己的，理性的贡献应为零，他们达到了一个更 60
好的结果”（Thaler，1996，pp. 234 - 235）。人们还被观察到在许多有争议的互动中与他人合作，在这些互动中，主动与他人合作可能对他们不利。行为经济学家进行了许多实验室实验来理解这类行为。他们的发现正是我们在生活中所观察到的：许多人向慈善机构和公共电台捐款，清理露营地，在干旱时节约用水。是的，“搭便车”的现象有很多，它会造成严重的问题，但是，如果人们像新古典经济学理论预测的那样不合作，生活会变得更糟（p. 235）。

从新古典经济学的角度考虑商业中的消费者交易。商品和服务的卖家试图最大化他们的利润，而个人买家试图最大化他们的满足（或效用），他们都不顾伦理或道德的考虑，追求各自的利益。与此相反，行为经济学家发现，在此类交易中，公平是一个主要的非利己考虑因素。为了说明这一点，让我们从一个来源于卡尼曼、尼奇和塞勒（Kahneman，Knetsch，and Thaler，1986）研究的例子开始。在一次电话调查中，他们向受访者提出了以下问题（Thaler，2015，pp. 127 - 128；Chaudhuri，2009，pp. 71 - 72）：“一家五金店以15美元的价格出售雪铲。暴风雪过后的早晨，五金店把价格提高到20美元。”受访者被要求对这一行为给出可接受或不公平的评价。结果是：1）18%认为可接受，2）82%认为不公平。

一些人，尤其是学过经济学或商科的人可能会对82%的受访者认为物价上涨是不公平的这一结果感到惊讶。这是因为从标准经济学的角度来看，提高价格是有道理的。假设雪铲的供应量是固定的，那么，更高的价格将确保雪铲最终归那些最看重雪铲的人所有。但是，从许多人强烈支持的社会公平规范的角度来看，提高价格显然是不可接受和不公平的。与新古典主义经济学家不同，行为经济学家认识到了公平规范在理解和约束经济交易方面的重要性。

考虑一下其他几个涉及公平问题的交易的例子。2012 年 2 月 11 日，著名歌手惠特尼·休斯顿（Whitney Houston）突然去世。“她的唱片目前主要在 iTunes 等网站上在线销售，预计市场对她的唱片的需求将会激增”（Thaler，2015，p. 135）。在她去世后不到一天，她 1997
61 年的专辑价格上涨了 60%，之后另一张专辑的价格上涨了 25%。这是否违反了公平准则？假设一个国家允许肾脏等人体器官自由买卖。那么，需要肾脏的富人有可能会出钱让穷人捐出一个肾脏（p. 130）。这公平吗？另一个有趣的案例涉及可口可乐公司。可口可乐的首席执行官曾提议使用自动售货机，它可以根据环境条件，比如当前的温度，来调整可乐的价格（pp. 134 - 135）。如果这种情况发生，那么当人们又热又渴的时候，可乐的价格可能会上涨，这公平吗？当公司采取不公平或贪婪的行为时，它们很可能会受到客户的惩罚（假设这些公司的竞争对手不效仿它们）。因此，采取某个被认为是投机的、不公平的商业行动，可能是一个危险且不明智的提议（p. 136）。考虑到消费者可能的反应，对企业来说，避免不公平行为的名声是明智的（Chaudhuri，2009，p. 77）。值得注意的是，在不同的文化中，什么被认为是公平的，什么是不公平的，差异很大。同样值得注意的是，过程的公平与结果的公平同样重要（p. 81）。综上所述，与经济人相反，常人喜欢公平的行为和被公平对待，但如果受到其他人的不公平对待，常人会反击。

前面已经表达了这样一种观点，即人们并不仅仅只受他们自我利益的驱使，而且指出有大量的行为证据支持这一观点。但你可能会问：脑科学对此有什么看法？理解人类动机的基本类型的起点是保罗·麦克莱恩（Paul MacLean，1990）对大脑生理学的研究。他认为人脑有三个相互关联的模块级。第一级模块是进化中最早的模块，是大脑最内层的核心，即爬行动物类复合体（reptilian complex），它控制着基本的生理操作，并涉及自我保护（Tomer，2012，p. 78）。它与利己动机有关。第二级模块是史前哺乳动物的大脑，位于爬行动物大脑的顶部。它提供了人类特有的哺乳动物特征，如母性关怀、父母责任、家庭生活和社会联系。这部分大脑与关心、其他兴趣和同情动机有关。第三级模块是包裹着另外两个脑的新哺乳动物脑或新皮层。大脑的这一部分提供了人类解决问题、学习、记忆、语言、思考和相关功能的能力。根据麦克莱恩的研究，大脑新皮层参与决定两个强大的核心动机——源自古哺乳动物 62
大脑的同情心和源自爬行动物大脑的利己主义——是如何相互关联和表达的。

杰拉尔德·科里（Gerald Cory，1999）基于麦克莱恩的大脑生理学研究，建立了一个被称为双重动机理论（dual motive theory，DMT）的模型，该模型解释了人类两种核心动机是如何趋于平衡的。在他看来，正是大脑新皮层的执行功能试图在利己主义和同情动机之间实现平衡，而这两者之间经常发生冲突（Tomer，2012，pp. 78－79）。基于对大脑生理学的这种理解，很明显人类不仅仅是利己的。在托马尔（Tomer，2012）改进的双重动机理论模型中，个体的同情程度和作用不仅取决于由他的遗传决定的大脑生理学，还取决于因个体的独特生活经历所导致的大脑的改变。在改进后的双重动机理论模型中，人们仍然有两种主导动机（自我和同理心），但一个人同情动机的强度和特征在很大程度上取决于个人的生活经历，特别是取决于个人是否努力发展他 63
的移情能力。此外，林恩等（Lynne et al.，2015）认为，虽然人类的两个核心动机可能直接冲突，但是，一般来说，利己动机是原始的，人们的共情能力对利己起着抑制或制约作用。也就是说，人类在控制、约束和调节利己动机。

在近几十年来的行为经济学研究的帮助下，自1881年埃奇沃斯断言，“经济学的第一原则是，每一个参与人都是由利己驱动的”［引自

Sen (1977, p. 317)],我们已经走了很长一段路。如今,追求现实主义是很重要的,这意味着经济学家应该摒弃人们只关心自身利益的假设 (Rabin, 1998, p. 16)。现在,在实验主义者和其他关注相关证据的人当中,关于是否存在系统性的、不可忽视的对利己的偏离的争论已经结束了 (Rabin, 2002, p. 666)。但值得注意的是,这种“拒绝将利己主义作为一种动机描述,并不意味着接受某些普遍的道德作为实际行为的基础。它也没有使人类变得过于高尚”(Sen, 1977, p. 344)。人类本质上不是善良且全面合作的利他主义者 (Chaudhuri, 2009, p. 8)。在很大程度上,人们是有条件的合作者,他们的行为往往取决于其他人的所
63 作所为。虽然人们不是圣人,但是,令人欣慰的是,正如森 (Sen) 所指出的,人们并非理性的傻瓜……一味追求物质上的利己 (Thaler, 2015, p. 145)。

自我控制

在新古典经济学的建立所基于的三个关键假设中,第三个是自我控制 (Thaler, 1996, p. 227)。这与选择一个最优的或者至少是一个足够好的计划是一回事。无论如何,为了实际执行计划,必须有相当大的自控力。在很多情况下,人们缺乏做他们想做或打算做的事情所必需的自控能力。正如卡尼曼 (Kahneman, 2011, pp. 41-43) 所说,自我控制是一种精神工作;它需要注意力和努力,而且会很累。考虑到生活中所有其他需要认知努力的事情,人们通常没有足够的认知能力来使自我控制达到必要的程度,以完成对他们来说很重要的事情。所以,很多时候我们无法使自己去做我们想做,或者我们知道应该做的事情。拖延症就是缺乏自我控制的一种类型,即我们把今天该做的事推到明天去做。因此,我们的行动达不到我们计划的要求。例如,我们今天没有做到充分运动、节食、按时完成任务、遵守重要的预防保健、不赌博、为退休或

其他重要目的存钱等等。在许多情况下，我们拖延是因为我们屈服于即时满足感的诱惑（pp. 110 – 111）。①当然，人们已经认识到自己的自我控制问题并努力解决它们，这并不罕见。例如，人们使用闹钟，把钱存入“圣诞账户”以便有足够的资金购买圣诞礼物，使用预算和其他形式的心理核算，列出要做的事情，预先承诺特定的活动，以及使用各种各样的其他自我控制策略。所有这些做法都是有帮助的，但是，人们的自我控制能力通常还是不够，因此，我们无法做到所有我们想做的事情。

对三个关键假设的总结

“新古典主义经济学建立在三个假设之上：理性、利己和自我控制”（Thaler，1996，p. 227）。这与行为经济学相比如何？坦率地说，行为经济学家已经知道，常人比经济人“更笨、更友善、更柔弱”（p. 227）。换句话说，行为经济学的研究发现，人们的理性、利己和自我控制力都不如新古典经济学中所描述的经济主体。值得注意的是，新 64
古典经济学模型“最适用于简单的、重复的任务，最不适合复杂的、不频繁发生的任务”（p. 235）。由此可见，人生中最重要的决定：人力资本的形成、婚姻、为退休存钱、找工作、买房等等，都是既困难又不经常发生的，[对新古典经济学来说] 都是最坏的情况（p. 235）。根据塞勒（p. 235）的结论，“将理性、意志力（或自我控制）和利己都假设成是无限的，这会很方便，它们使 [数学] 模型容易，但它们是糟糕的经济学。”

① “当决策和回报在时间上是分开的时，意志力是最相关的，这意味着延迟满足是必需的”（Thaler，1996，p. 235）。

时间偏好与选择

行为经济学家做出了巨大贡献的另一个领域是分析选择情况，此时，人们有必要将未来的成本和收益与当前的成本和收益进行比较。人们做这种比较时，是否会像计算当前的成本和收益那样计算未来的成本和收益？包括经济学家在内的大多数人都认为，人们对当前金额的估值更高。这样认为是合理的。因为人们对未来价值的计算偏少，所以他们在某种意义上对未来价值进行了贴现。简单地说，人们低估未来的价值，因为他们喜欢立刻收到愉快的东西，推迟不愉快的东西。新古典经济学中关于如何处理这些跨期问题的观点源于保罗·萨缪尔森在20世纪30年代末的著作。他建立了“跨期选择的标准经济模型，即贴现效用［discount utility，DU］模型”（Thaler，2015，p. 89）。根据这个模型，对越远的未来价值，人们会进行越大的贴现［越小的贴现因子(discount facfor，DF)］。在贴现效用模型中，第 t 年的贴现因子等于 $1/(1+r)^t$，其中 r 是贴现率。因此，对于第2年，贴现因子等于 $1/(1+r)^2$。请注意，这种计算中使用的贴现率与金融市场中使用的贴现率（或利率）相近，并且贴现因子大于0且小于1（Weber and Dawes，2005，p. 8）。还要注意，r 的值可被认为是一个人对获得他未来的回报有多不耐烦的反映。贴现效用模型的一个重要定性特征是，它意味着人们是时间一致的，即他们对两个时间段之间的价值进行了多少贴现是一致的，而不管这些价值距离当前多久远（Rabin，1998，p. 38）。贴现效用模型的一个优点是，它捕捉到了这样一个事实：人们喜欢立即得到
65 满足，相应地，往往会在工作上拖延，比如，打扫房间、一些涉及即时成本和延迟奖励的工作。还要注意，贴现效用模型与新古典经济学的观点是一致的，即人们试图从他们的经历中最大化未来效用流的现值。

行为经济学家发现，有关人们时间偏好的证据并不支持贴现效用模型。人们的时间偏好不是时间一致的：

> 行为证据……压倒性地、毫无疑问地表明，人们表现出*现在偏见*偏好。[这意味着] 一个人对近期在幸福上增加延迟所进行的贴现比她对未来增加延迟的贴现更大。换句话说，与把同样的满足从距今 90 天推迟到 91 天相比，我们更厌恶把今天的满足推迟到明天。(Rabin，2002，p. 668)

因此，那些正在考虑明天将会得到回报的人对预期的回报有一种特别迫切的期待，而当他们在考虑 90 天后得到的回报时却没有这种紧迫感。这表明，人们往往对预期很快就会出现的有价值的结果非常缺乏耐心且目光短浅，但是，在考量预期遥远未来的结果时，通常相对有耐心或目光长远（Camerer and Loewenstein，2004，p. 23）。贴现效用模型没有捕捉到这种时间不一致性。但是，行为经济学家已经发现了一个模型，可以很好地捕捉到人们关于时间的行为。这个模型就是拟双曲函数。这个函数大体上是标准的指数时间贴现加上一个即时性效应：一个人在任何时候都对满足延迟给予同等的贴现，除了当前时刻——对现在和以后的幸福给予不同的关注（pp. 23 - 24）。有关双曲贴现的数值示例及其如何导致时间不一致，请参见安格纳的文章（Angner，2012，pp. 158 - 162）。另一种与时间偏好相关的行为模型亦值得关注。它包含了这样一种观点：一个人的内心似乎有两个决策者。一个决策者是有远见且自我控制的；另一个是冲动且目光短浅的，从而尤其关注当前而不考虑未来后果（Weber and Dawes，2005，p. 10）。这里的关键问题是，一个人的理性远见将在多大程度上占上风？如果富有远见的决策者占了上风，这个人可能会采取令人惊讶的限制性的自我控制措施来限制他未来的行为。

结 论

66 正如本章所解释的，与新古典经济学的经济人相比，人们没有那么理性、利己及自我控制。本章的第一部分阐明了在情绪，尤其是强烈的消极情绪存在时，人们的判断往往是多么有偏见的、他们的决定是多么非理性的。第二部分解释了人们不只是利己或自私；人们的行为往往反映出他们对他人的关心和关爱。第三部分阐释了在许多情况下，人们缺乏完成他们想做的事情所必需的自控力。第四部分解释了在时间方面，人们的行为并不像新古典经济学理论所指出的那样一致和理性。因此，总的结论是：不足为奇，人们通常表现得像"常人"一样，而不是新古典经济学中的经济人。幸运的是，正如本章所解释的那样，行为经济学研究取得了很大的进展，不仅认识到新古典经济学不是现实主义的经济学，而且，对人们的经济行为也有了更深刻、更现实的理解。

参考文献

Angner, Erik. 2012. *A Course in Behavioral Economics*. New York: Palgrave Macmillan.

Angner, Erik and Loewenstein, George. 2012. "Behavioral Economics" (January 14, 2007), in Maki, Uskali (ed) *Handbook of the Philosophy of Science: Philosophy of Economics*. Amsterdam: Elsevier, 641 - 690. Available at SSRN.

Ariely, Dan. 2009. *Predictably Irrational: The Hidden Forces That Shape Our Decisions*. Revised Edition. New York: HarperCollins.

Ariely, Dan and Loewenstein, George. 2006. "The Heat of the Moment: The Effect of Sexual Arousal on Sexual Decision Making," *Journal of Behavioral Decision Making*, 19, 87 - 98.

Camerer, Colin F. and Loewenstein, George. 2004. "Behavioral Economics: Past,

Present, Future," in Camerer, Colin F., Loewenstein, George and Rabin, Matthew (eds) *Advances in Behavioral Economics*. Princeton: Princeton University Press, 3 - 51.

Chaudhuri, Ananish. 2009. *Experiments in Economics: Playing Fair with Money*. New York: Routledge.

Cory Jr, Gerald A. 1999. *The Reciprocal Modular Brain in Economics and Politics: Shaping the Rational and Moral Basis of Organization, Exchange and Choice*. New York: Kluwer Academic.

Guth, W., Schmittberger, R. and Schwarze, B. 1982. "An Experimental Analysis of Ultimatum Bargaining," *Journal of Economic Behavior and Organization*, 3, 367 - 388.

Kahneman, Daniel, Knetsch, Jack L. and Thaler, Richard H. 1986. "Fairness and the Assumptions of Economics," *Journal of Business*, 59 (4), part 2: S285 - 300.

Kahneman, Daniel. 2011. *Thinking Fast and Slow*. New York: Farrar, Strauss, and Giroux.

Loewenstein, George. 1996. "Out of Control: Visceral Influences on Behavior," *Organizational Behavior and Human Decision Processes*, 65 (3), March, 272 - 292.

Loewenstein, George. 2000. "Emotions in Economic Theory and Economic Behavior," *American Economic Review*, 90 (2), May, 426 - 432.

Loewenstein, George and Lerner, Jennifer S. 2003. "The Role of Affect in Decision Making," in Davidson, R. J., Goldsmith, H. H. and Scherer, K. R. (eds) *Handbook of Affective Science*. Oxford: Oxford University Press, 619 - 642.

Lynne, Gary D., Czap, Natalia, Czap, Hans and Burbach, Mark. 2015. "Empathy Conservation: Toward Avoiding the Tragedy of the Commons," *Review of Behavioral Economics*, forthcoming.

MacLean, Paul D. 1990. *The Triune Brain in Evolution: Role in Paleocerebral Functions*. New York: Plenum Press.

Mullainathan, Sendhil and Thaler, Richard. 2000. "Behavioral Economics," M. I. T. Department of Economics Working Paper Series, September. Available online from the Social Science Research Network.

Rabin, Matthew. 1998. "Psychology and Economics," *Journal of Economic Literature*, 36 (1), March, 11 - 46.

Rabin, Matthew. 2002. "A Perspective on Psychology and Economics," *European Economic Review*, 46, 657 - 685.

Rick, Scott and Loewenstein, George. 2008. "The Role of Emotion in Economic Behavior," in Lewis, Michael, Haviland-Jones, Jeannette M. and Barrett, Lisa Feldman (eds) *Handbook of Emotions*, 3rd Edition. New York: Guilford Press, 138 - 156.

Sen, Amartya. 1977. "Rational Fools: A Critique of the Behavioral Foundations of Economic Theory," *Philosophy and Public Affairs*, 6, 317 - 344.

Slovic, Paul, Finucane, Melissa, Peters, Ellen and MacGregor, Donald G. 2002. "The Affect Heuristic," in Gilovich, Thomas, Griffin, Dale and Kahneman, Daniel (eds) *Heuristics and Biases: The Psychology of Intuitive Judgment*. Cambridge: Cambridge University Press, 397 - 420.

Thaler, Richard H. 1996. "Doing Economics without *Homo Economicus*," in Medema, Steven G. and Samuels, Warren J. (eds) *Foundations of Research in Economics: How Do Economists Do Economics?* Cheltenham, UK and Brookfield, VT: Edward Elgar Publishing, 227 - 237.

Thaler, Richard H. 2015. *Misbehaving: The Making of Behavioral Economics*. New York: Norton.

Tomer, John F. 2012. "Brain Physiology, Egoistic and Empathic Motivation, and Brain Plasticity: Toward a More Human Economics," 1, 76 - 90.

Weber, Roberto and Dawes, Robyn. 2005. "Behavioral Economics," in Smelser, Neil J. and Swedberg, Richard (eds) *The Handbook of Economic Sociology*. 2nd Edition Princeton: Princeton University Press, 90 - 108.

第6章　行为金融学

从本质上讲，行为金融学（behavioral finance，BF）就是应用于金融学领域的行为经济学。同心理经济学一样（见第 4 章），行为金融学在很大程度上借鉴了心理学的见解和分析，但它也借鉴了其他各种社会科学的见解。行为金融学不仅源于社会科学，也起源于金融学理论，尤其是与股票和债券等投机性资产定价相关的理论。想了解行为金融学如何从标准金融学理论中应运而生，就要从解释有效市场的概念开始。 68

有效市场

在有效的金融市场中，金融资产（如股票）的价格等于这些资产的内在（或基本）价值。根据有效市场假说（efficient market hypothesis，EMH），证券的内在价值永远能够准确地反映关于其现状和前景的所有可知信息（Malkiel，1999，p. 29）。如果遵循有效市场假说，股票的内在价值就等于股票所有者可期望获得的所有未来股息的现值或贴现价值。这些对股息的预期是理性、独立的投资者基于所有相关的公开信息的预期（Shleifer，2000，pp. 1－2）。类似于新古典经济学，有效市场假说假设投资者不仅非常理性，而且还是“精妙而高效的财务信息处理器”（Shiller，2005，pp. xx-xxi）。有效市场假说的支持者认为美国债券和股票市场实际上是有效的（Shleifer，2000，p. 1）。在这些有效市场中，股票价格的变动是无法预测的。这是因为这些股票价格只会因消息（根据定义，不是之前已知的信息）而变动。消息的出现会导致理性投资者调整他们的预期，进而调整他们对自己持有的证券的内在价值的估计。在这样的市场中，因为相关消息是随机发生的，故证券的价值和价格遵循随机路径（Shleifer，2000，p. 3）。当好消息发生时，投
69 资者会以试图买入更多证券作为回应，价格被抬高；当坏消息发生时，他们则试图卖出，价格被压低。当有很多专注的投资者时，证券价格总是很快地，可能是即时地调整到它们的内在价值。比如，如果一家公司价值 1 亿美元，其股票将以 1 亿美元的价格交易，如果有 1 000 万股流通股，则每股价格为 10 美元。在没有关于公司的消息时，价格不会变动。而当消息出现时，投资者会根据他们新的预期进行买卖盘，瞬间的价格变动会因此出现。①

在有效市场中交易股票有没有可能获利，即击败市场？没有！有效市场中的投资者“不能指望持续地击败市场，而且，这些投资者分析、挑选和交易证券所投入的大量资源是一种浪费。最好被动地持有市场投资组合，完全不要指望积极的资金管理”（Shleifer，2000，p. 1）。这是因为在这些市场中，证券的价格是随机变化且无法准确预测的（Thaler，2015，p. 207）。一种与此相符的证据是：“专业资金经理的表现并

① 金融研究人员区分了有效市场假说的三种形式。首先是弱式有效，其中，投资者使用的相关信息是证券的历史价格和回报。第二形式被称为半强式有效，其中，投资者使用任何公开的可用信息。在被称为强式有效的第三种有效市场形式中，投资者交易时使用所有上述信息再加上大多数市场参与者尚未知晓但有时会泄露出来的信息。后者通常被称为内幕信息（Shleifer，2000，p. 6）。

不比简单的市场平均水平好”（p. 207）。

值得注意的是，有效市场假说的支持者发展了许多理论上的观点来解释为什么即使投资者不是独立和理性的，有效市场假说依然成立（Shleifer，2000，p. 2）。第一，有人认为如果大量的投资者非理性，但他们的交易活动彼此不相关，那么他们的交易会相互抵消，市场仍然有效。第二个观点是基于套利。例如，在非理性投资者的行为导致证券被高估，即导致其价格超过其内在价值的情况下，套利可能会起作用。这可能会为理性套利者（“精明的投资者”）创造机会，卖空被高估的证券。这就需要借入被高估的资产，卖掉它，在价格下跌后再买入归还。这样的行为会降低证券价格，可能会使其价格回归其内在价值。套利也可以通过其他更复杂的策略来消除价格高估。当然，在类似的相反情况下，套利也可以消除低估。

有效市场假说起源于20世纪60年代，尤金·法玛（Eugene Fa- 70
ma）在1970年对这种假说的论述极具影响力。在20世纪70年代，“有效市场假说在理论和实证上取得了巨大的成功。学者们对该假说为什么成立提出了强有力的理论支持。更值得赞叹的是，大量的实证发现迅速涌现——几乎所有发现都支持这一假说”（Shleifer，2000，p. 1）。而“在1978年，迈克尔·詹森（Michael Jensen）[在谈及有效市场假说时] 明确表示，经济学中没有其他命题有更坚实的实验证据作为支持”（p. 1）。

有效市场假说的问题

到20世纪80年代初，一些金融学研究者已经开始认识到有效市场假说的问题了。可以说其中最重要的研究者便是罗伯特·希勒（Robert Shiller），他后来被公认为行为金融学的先驱。希勒早期的“担忧是……相对于有效市场模型预测的波动率，[股票价格] 是否会显示出过度波动”（Shiller，2003，p. 84）。问题的重点在于，偏离市场有效性是很小还是已经大到要“质疑整个有效市场假说的基础”（p. 84）。希勒的发现强烈地“表明［很大一部分］价格变化并没有基本面的原因”（p. 84）。例如，投机泡沫是一种有趣且常见的违反市场效率的股价行为模式。根据希勒（Shiller，2013，pp. 460－461）所述，泡沫定义为以下情形：

> 价格上涨的消息刺激了投资者的热情，这种热情通过心理传染在人与人之间传播，传播过程中可证明价格上涨的故事在越来越多的投资者中得到放大，尽管投资者对投资的实际价值存有疑虑，但他们被对他人成功的羡慕以及部分成为赌徒的兴奋所迷惑。

换句话说，泡沫一词与价格上涨远超人的合理预期的情形相关。此外，泡沫一词表明，这个市场的价格可能已经达到或接近峰值，这样的话，泡沫极有可能爆裂或崩盘，届时价格将迅速下跌。要注意有效市场的热衷者对泡沫的存在持怀疑态度，并且通常可以对价格大幅上涨做出其他解释（p. 461）。

71 与市场有效性相反的现象是 1987 年 10 月 19 日发生的事。当天，股票市场崩盘，“道琼斯工业平均指数下跌了 22.6%——历史上最大的单日百分比跌幅——且没有任何明确的消息。虽然这一事件导致了对其可能原因的大量搜索，但是，并没有找到任何可信的罪魁祸首”（Shleifer，2000，p. 20）。这的确是个谜，因为有效市场假说不仅意味着股票价格会随消息变动，也意味着在没有消息的情况下股票价格不会大幅变动。

在 20 世纪 80 年代早期，罗伯特·希勒（Shiller，1981）试图研究总体股市模式，以确定它们是否与有效市场假说一致。他的研究使用了多年的数据来描绘股票市场价格相对于股票内在价值的波动性。结果曲线图提供了确凿的证据，证明股票市场的总体价格缺乏效率（Shiller，2013，pp. 467－471）。该图比较了两组数据。一组是从 1871 年到现在标准普尔的真实股票价格（用扣除了通货膨胀的美国的消费者价格指数表示）。第二组数据包含了希勒对以固定利率贴现的未来每股实际股息现值的估计（p. 467）。（这个数据序列被用作这些股票内在价值的估计值。）为了构建股息序列，希勒必须估算出未来一段时间内实际股息的价值。为了做这些估计，他假设未来的股息将以与过去股息相同的速度增长。由于希勒对未来股息的数据只进行了粗略估计，他使用了几种不同的假设来计算股息序列。无论假设如何，股息现值的时间图都很平滑，很像一条稳定的指数增长线。另外，股票市场价格的时间图波动很大，在股息线上下呈现出大幅突变。观察了这两个数字序列的人的反应是，这与有效市场模型完全不一致。如果股票市场是有效的，且如果平稳的股息数据现值合理地估计了股票的内在价值，股票价格序列应该在很大程度上与股息图重合（p. 469）。但事实并非如此。为什么股票价格数据波动这么大？当希勒在20世纪80年代早期做这项研究时，他并不能很好地回答这个问题。无论如何，在他看来，所有总体股价的重大变化都与重要事件的发生有关似乎不太可能。

1994—2000年股票市场的总体表现令希勒和其他许多人很感兴趣。 72
他的《非理性繁荣》（*Irrational Exuberance*，Shiller，2005）一书非常着重于这一时期。这本书是以联邦储备委员会主席艾伦·格林斯潘（Alan Greenspan）于1996年12月5日在华盛顿的电视讲话（p. 1）中使用的词语作为书名。格林斯潘用这个词来描述当时那些在他看来过分狂热地购买股票并因此抬高股价的投资者。虽然在格林斯潘的演讲之后全球股市立刻大跌，但是，股价很快恢复了走高的趋势。“道琼斯工业平均指数……在1994年初位于3 600点左右……［并且］道琼斯工业平均指数在2000年1月14日达到峰值11 723点”（p. 2）。希勒认为这个时期是投机泡沫最大的历史证据。“股市在1994—2000年的上涨显然不能用任何合理的术语解释”（p. 2）。虽然股市价格涨幅超过3倍，但国内生产总值等基本经济指标增长了不到40%，企业利润增长了不到60%。2000年，泡沫破灭。1994—2000年整个股市的经历是泡沫的有力证据，也是与有效市场假说相悖的证据；但很多人认为这并不是对有效市场假说的检验。严格来讲，测试市场是否有效几乎是不可能的，因为内在价值是无法观测的（Thaler，2015，p. 206）。有趣的是，希勒在1996年就发出了股票价格在过度上涨的警告，但股市泡沫又持续扩大了四年。正如塞勒（Thaler，2015，pp. 234 - 235）指出的那样，在希勒得出正确判断之前的四年里他是错的。这意味着“察觉到我们可能处于泡沫中比判断泡沫何时爆裂要简单很多，并且，那些试图靠计算市场何时转向来赚钱的投资者很少成功”（p. 236）。

除了股市泡沫和过度波动，还有其他有趣的与有效市场假说不符的异象。其中，一个异象是1937—1969年期间，市盈率（价格除以每股盈余）最低的廉价股票大幅跑赢市盈率最高的高价股票（Thaler，2015，p. 220）。“从1937年到1969年，投资10 000美元的廉价股票，其价值将升至66 900美元，而投资高价股票的投资组合其价值只会升至25 300美元”（p. 220）。第二个异象是小公司的股票跑赢了大公司的股票（Shleifer，2000，pp. 18 - 19）。“比如在1926—1996年间，纽约证券交易所中最大的十分位的股票组合的年回报率为9.84%，而最小
73 的十分位的股票组合的年回报率为13.83%”（p. 18）。第三个有趣的异象是，在五年里表现最好的股票的投资组合——“赢家”，在接下来的五年里表现不如最差的股票的投资组合——“输家”。“在我们确定投资组合后的五年里，输家的表现比市场好30%，而赢家则比市场差10%左右”（Thaler，2015，p. 223）。如果市场真的有效，则不会出现这些异象，即便在短时期内也是如此。值得注意的是，这些异象类似于被称为价值投资的流行投资方法，这种方法下的投资组合将投资那些公司权益的市场价值与其资产的会计账面价值之比最低的股票（Shleifer，2000，p. 19）。这样的股票通常是相对便宜且被低估的。此外，如果市场真的有效，价值方法应该不会奏效。

行为金融学

罗伯特·希勒（Shiller，1981）的论文通过对价格、股息和收益的时间序列数据进行计量经济学分析来解决有效市场理论的问题。希勒等人用这种方式进行了大量研究，到了20世纪90年代，学术讨论的焦点转为开发心理学和其他社会科学的模型来解释为什么金融市场通常不是有效的。换句话说，行为金融学领域开始发展（Shiller，2003，p. 90）。研究人员厌倦了单纯地记录异象和对有效性的偏离。下一个重要的步骤是解释这种异常的金融行为。在理查德·塞勒的敦促下，希勒认识到有必要采用一种行为视角并“信奉”远超标准经济学范畴的“异端观点——社会现象可能会影响股票价格”（Thaler，2015，p. 233）。

在解释人们金融市场活动的行为方面之前，重要的是解释为什么套利通常不能消除过高或过低的证券估值。回忆一下，根据有效市场假说，套利的作用是通过“精明的投资者”的理性买卖活动使价格回归其内在价值。比方说，如果套利是为了降低证券价格，那么“套利者必须能够买入‘相同或起码相似的’未被高估的证券”（Shleifer，2000，p. 13）。这通常是不可能的。而且，套利通常涉及复杂的程序。因此，74
套利通常是一种冒险的尝试，也少有投资者愿意参与其中（pp. 14－16）。结果是，当某种意义上非理性的投资者导致证券价格偏离其内在价值时，“有限的套利……解释了为什么市场仍会是非有效的”（pp. 24－25）。

如果不能依靠套利来消除证券价格与其内在价值之间的偏差，这些偏差可能会很大且很持久。要理解这些违背市场有效性的闪失究竟为什么会出现，有必要向行为金融学理论（很多都是从行为经济学借鉴而来）求助。这样的理论有很多，但“并没有一个统一的行为金融学模型”（Shleifer，2000，p. 25）。

这里考虑的第一个行为金融学理论涉及股市“噪声”可以导致投资者的非理性行为。在任意给定的时间内，股市中都会发生很多事情；价格总会发生一定程度的变化。其中，一些价格变化与真实新闻有关，即一种可以改变理性人（经济人）对股票预期的新信息。其他价格变化仅仅是由于噪声——一种“并不能算消息的事件”（Thaler，2015，p. 240）。一些股票投资者，特别是经验尚浅的个人投资者，往往基于噪声进行交易。[①] 根据此类交易的结果，这些投资者可能会经历乐观或悲观的心情转换（p. 241）。这些心情转换被称为“投资者情绪”，它们与投资者变得沮丧、害怕或更加自信有关。这些情绪可能会影响股市价格的路径，尽管它们与股票内在价值的变化无关。投资者对噪声做出反应时，他们严格来讲是非理性的；实际上他们是对金融市场中发生的事情反应过度。

“很久以前便在报纸和杂志而不是学术期刊上发表的金融市场最古老的理论之一”是用于解释泡沫的反馈理论（Shiller，2003，p. 91）。反馈理论的精髓是，可能由噪声导致的最初的证券价格上涨会因其他投资者对该证券的回应和需求引致更高的价格。“第二轮价格上涨反过来
75 再引起第三轮，然后是第四轮，依此类推”（Shiller，2005，p. 68）。从本质上讲，最初的价格上涨创造了一些投资者的成功，引起了公众对价格进一步上涨的关注、热情、提高的期望，也许还有被排除在外的投资者的嫉妒（Shiller，2003，p. 91）。一个版本的反馈理论涉及适应性预期，其中，“过去的价格上涨会产生进一步价格上涨的预期”（Shiller，2005，p. 69）。在另一个略有不同的版本中，过去的价格上涨会导致投资者信心的增强。在某些情况下，反馈是价格到价格的反馈。在其他情况下，它可能是价格到 GDP 再到价格的反馈，甚至是价格到企业收益再到价格的反馈（p. 79）。当然，有些时候由反馈推动的投机泡沫最终会停止，当“投资者认为价格将停止上涨，因此没有继续持有股票的理

① 噪声交易者是根据所谓的无关因素进行交易的（Thaler，2015，p. 240）。

由”时，泡沫会破裂（Shiller，2005，p. 71）。反馈理论同样也适用于下行方向（负泡沫），即最初的价格下跌给投资者造成了越来越多的沮丧（p. 71）。

支持反馈理论的可靠证据难以获得。一类相关的证据来自庞氏骗局的例子（Shiller，2005，pp. 74－76）。“在庞氏骗局中，骗局的经营者承诺通过投资为投资者赚取巨额利润。但投资者的资金很少或根本没有投资任何真正的资产。相反，经营者会将对第二轮投资者的销售所获的款项偿付给初始投资者”，依此类推（p. 74）。

通常来讲，庞氏骗局的经营者会给投资者讲一个关于该计划的投资以及巨额利润如何获得的似是而非的故事。在某种程度上，这些方案是显示反馈如何运作的对照实验。这里涉及反馈是因为“庞氏骗局诱使初始投资者……将他们的成功故事讲给另一轮投资者听，另一轮投资者之后在该计划中投入更多，使骗子得以偿还第二轮投资者，”依此类推（p. 74）。庞氏骗局的成功源于反馈，即“当看到别人赚到很多钱时，人们思想上受到的强大影响”（p. 76）。在庞氏骗局中，反馈的作用非常清楚，这与普通的投资情况不同。

值得注意的是，当大型、持久的股市泡沫出现时，它们通常会演绎出可证明高价格合理性的“新时代”故事（Shiller，2005，pp. 106－131）。当股市高涨时，很多人都容易接受这样一个观点，即未来会比过去更加明朗或更加确定（p. 106）。在20世纪90年代中后期，互联网的 76
到来和高科技产业的繁荣使许多人认为重大的经济变化即将发生，且生产率将以更快的速度增长，这证明了股票价格快速增长的合理性（pp. 106－108）。这个故事只是许多新时代故事中最新的一个。新时代思维“是繁荣持续和放大过程中的一部分——反馈机制中创造并维持泡沫的一部分”（p. 108）。“每当市场达到新高时，公共演讲者、作家和其他显耀人物就会带着对市场中明显的乐观情绪的解释突然出现”（p. 108）。直到泡沫破裂后才能清楚地看到最近的新时代故事中的缺陷。

来自心理经济学的见解（见第4章）对行为金融学很重要。相应地，投资者做出判断时经常带有偏见，他们的金融决策几乎总是非理性的。像其他人一样，投资者会使用直觉，通常也会用代表性直觉推断。这意味着“人们在不确定的情况下做判断时，倾向于寻找熟悉的模式，并假设未来的模式将类似于过去的模式，而对于模式的原因和模式会重复的概率往往缺乏充分的考虑”（Shiller，2005，pp. 153 - 154）。一个常见的此类错误是人们倾向于将当前的股价模式匹配到为人熟知的通用模式的类别中，却并不会充分注意其概率（Shiller，2003，pp. 93 - 94）。人们也倾向于将股价模式看成真随机序列（Shleifer，2000，p. 129）。此外，人们基于对小样本观测结果的判断，往往过快地对股价模式做出明确的识别和推断（Barberis and Thaler，2003，p. 1067）。

人们的判断和决策可使自身陷入财务困境的另一种方式是由于过度自信。人们“过度自信的基本倾向似乎是一种强大的人性特征”，在金融市场中经常出现（Shiller，2005，p. 153）。首先，过度自信助长了投资者在投机市场中交易过频的倾向（Shiller，2013，p. 485）。其次，由于过度自信，投资者可能对他们认为肯定会发生，但研究表明实际上只有 80%的情况下会发生的金融事件抱有坚定的信念（Barberis and Thaler，2003，p. 1065）。这些投资者也可能对他们认为不可能发生，但研究表明实际上有 20% 的情况下会发生的事件抱有坚定的信念
77 (p. 1065)。相关地，过度自信的投资者“相信自己知道市场波动的时机，尽管他们普遍相信股票价格无法预测是一个理智的事情”（Shiller，2005，p. 154），尽管他们认为基于市场时机的投资极为困难。最后，似乎很明显，在理解正面或负面的投机泡沫方面，“人在直觉判断中的过度自信发挥着重要作用”（p. 155）。

适用于行为金融学的另一个心理经济学主题是锚定。股市是否有锚？投机市场，如股票市场中的金融资产往往不会以其内在价值或基本价值交易。而且由于在这些市场中交易的人一般不知道市场是被低估还是高估，这些市场的价格没有明确地“锚定”到一定水平（Shiller，2005，pp. 147 - 148）。然而，有一些心理锚定往往为市场提供某种程度

的约束或稳定性。希勒考虑了两种类型的锚定：数量和道德（p. 148）。第 4 章进行了数量锚定的一般讨论。在扑朔迷离的市场环境中，投资者可受任何可用数据的影响。例如，典型的数量锚定可能是易得的财务数字，如 1）一只股票的可以记得的最近价格；2）显著的股票价格指数水平，如道琼斯工业平均指数；3）其他股票的价格变化幅度；或 4）市盈率（P/E）与其他公司市盈率的比较（pp. 148－149）。人们用这些锚来判断特定的股票价格和股价水平，而这些判断会影响他们的决定。由于这种数量锚定，股票价格的波动性往往小于应有的情况。道德锚与故事的直观力量及相关原因有关：1）为什么人们投资股票市场而不将资金做其他用途？以及 2）为什么他们偏偏选择那些公司的股票进行投资（pp. 148－152）？人们想用故事和理由来证明他们的股票决策。人们也希望获得道德上的优越感，因为他们一生都致力于投资和积累财富。与上述因素有关的投资者的道德理想和信念在某些方面约束和影响了，或者说锚定了市场水平。还有相当多其他的心理和经济理论已应用于行为金融学。例如，投资者的判断和决策受他们如何构建所面对的市场形势以及他们所采用的心理账户核算影响。有时候，投资者过于乐观以至于 78
一厢情愿，甚至是异想天开。在其他时候，他们可能又过于保守，往往坚持他们之前对市场情况的估计。此外，投资者可能是损失厌恶的，并避免可能出现严重亏损的股市赌博。所有这些行为以及很多其他行为有时可以促使投机市场偏离效率。

结　论

由罗伯特·希勒引领的行为金融研究在证明有效市场理论的弱点上已经做了很多。"有效市场理论可能在解释如主要股市泡沫之类的事件时产生严重错误"（Shiller，2003，p. 101）。另外，有效市场理论关于如何投资股市的启示具有一定价值。而且，正如希勒所指出的，"有效市场理论模型作为对理想世界的展示或塑造有自己的一席之地，[尽管]我们不能将它们的形式完全照搬为对实际市场的精确描述”（p. 102）。行为金融学的见解和证据在描述投机市场的实际运作时至关重要，因为它们“帮助我们理解，比如全世界股市暴涨并在 2000 年后崩盘，源于人类的弱点和任意反馈关系，并且，肯定产生了一个真正且大量的资源错配”，更不用说相当多的人承受了苦果（p. 102）。显然，行为金融学将经济学和金融学理论与心理学和其他社会科学的发现结合起来，对理解金融市场在现实中是如何运作的做出了很大贡献，这种理解离不开跨学科研究者，尤其是行为经济学家的贡献。

参考文献

Akerlof, George A. 2002. “Behavioral Macroeconomics and Macroeconomic Behavior,” *American Economic Review*, 92 (3), June, 411 - 433.

Akerlof, George A. 2007. “The Missing Motivation in Macroeconomics,” *American Economic Review*, 97 (1), 3 - 36.

Akerlof, George A. and Shiller, Robert J. 2009. *Animal Spirits: How Human Psychology Drives the Economy, and Why It Matters for Global Capitalism*. Princeton: Princeton University Press.

Bewley, Truman F. 1999. *Why Wages Don't Fall During a Recession*. Cambridge, MA: Harvard University Press.

Davidson, Paul. 2016. “Why Neither Samuelson's Neoclassical Synthesis Keynesianism Nor New Keynesianism Theory is Compatible with Keynes's General Theory Explanation of the Cause of Unemployment,” Unpublished paper presented on September 17 at the Post-Keynesian Conference, Kansas City.

Driscoll, John C. and Holden, Steinar. 2014. “Behavioral Economics and Macroeconomic Models,” *Journal of Macroeconomics*, 41, 133 - 147.

Howitt, Peter. 2002. “Looking Inside the Labor Market: A Review Article,” *Journal of Economic Literature*, 40, March, 125 - 138.

Keynes, John Maynard. 1964 [1936] . *The General Theory of Employment, Interest, and Money*. New York: Harcourt, Brace, and World.

King, John E. 2013. "Should Post-Keynesians Make a Behavioral Turn?" *European Journal of Economics and Economic Policies: Intervention*. Edward Elgar Online.

Krugman, Paul. 2009. "How Did Economists Get It So Wrong," *New York Times Magazine*, September 2, 1－19.

Thaler, Richard H. 2015. *Misbehaving: The Making of Behavioral Economics*. New York: Norton.

第7章　行为经济学、公共政策和助推

公共政策、行为经济学和人类本性

80　本章讨论的问题是行为经济学可对公共政策的改善做出什么贡献。要理解这一点，就必须从行为经济学和新古典经济学的区别开始。当然，正如之前章节所解释的那样，区别的本质在于行为经济学与新古典经济学对人类行为的理解大相径庭。简言之，现实中的人类与经济人截然不同。与被认为绝对理性和非情绪化的经济人不同，人类有各种各样的认知偏见，如损失厌恶、维持现状偏见、锚定、框定、证实偏见、过度自信、明显性偏见、时间不一致性偏好等。此外，人类不仅是有限理性的，还是被其意志力和利己所束缚的。与之相关的是，人们在做决策，尤其是复杂决策时，会很典型地使用各种经验法则（Tomer，2013，p. 93；Low，2012）。换言之，人类与生俱来的有限认知能力和很多可识别的偏见干扰了其判断和决策。理解人类的局限性是改善政策的关键，而这些改善政策相比于直接源于新古典经济学思想的政策，在很大程度上有实质性的改进。

新古典经济学决策的问题和行为经济学的承诺

根据新古典经济学的标准版本，人们通过不带任何感情地赋权各项可选行动方案成本和收益，并选择令其满意度最大化的方案来做出理性决策。因此，经济学家通常认为，实际上任何问题都可以通过适当改变个人和企业面临的激励（预期成本和收益）的政府措施来解决（Low，2012，p. 2）。这一切都是“让激励措施正确”的问题。利用正确的激励措施就能解决问题，因为人们将做出想要的（也是符合预期的）决策。 81
在涉及负外部性问题的情况下，解决方案涉及使决策者体验并因此考虑他们对社会其他人施加的成本。这可能包含对车辆使用、环境排放、赌博、吸烟或饮酒的征税。这些措施可能有效，但是，在许多情况下效果不佳。难点就在于人们的决策过程比进行成本-收益计算更为复杂。决策者通常会受到各种心理、社会和环境因素的影响。因此，人们的行为不能仅仅通过标准的经济考虑来解释。如果人们完全理性并且只考虑成本和收益，那么标准的经济解释就足够了。在这种情况下，人们总是可以节省足够的退休金，购买足够的医疗保险，并购买省钱的节能电器（pp. 3－4）。然而，人们常常并不会那么做。他们通常不会做具有长期高额收益和相对较小的短期成本的事。人类也常常不能健康地饮食和运动，喜欢即时满足，也在其他方面偏离了完美的经济理性。因此，政策制定者需要标准经济学的替代品——行为经济学，因为它提供了一种相对严格的方式来整合对关于人类动机和决策过程的准确理解。通过使用行为经济学，政策制定者可以制定更有效的政策，从而取得更大的成功。

自由家长主义的哲学

要理解行为经济学如何改善公共政策，就必须理解自由家长主义的哲学。其中，家长主义的一面意味着以类似父子关系的方式统治；父亲关心他的孩子，并努力改善他们的福祉。政府政策中的家长主义意味着对被统治者福祉的关注态度。有些人认为家长主义是消极的，因为他们把它与顽固的高压政治联系起来。但正如塞勒和桑斯坦（Thaler and Sunstein，2003，pp. 175－177；2009，pp. 4－6）所解释的那样，政府或私人实体政策中家长主义的一面是不可避免的，不一定是强制性或侵
82 扰性的。自由家长主义哲学的另一半，即自由主义，意味着人们应该在所有的思想和行动中完全自由。自由主义和家长主义的结合产生了一种“自由主义的家长主义，它是一种相对微弱、温和且非侵入性的家长主义，这是因为选择不会被阻隔、被围困或成为显著负担”（p. 5）。自由家长主义政策是“维持或增加选择自由的政策”（p. 5）。即便当政策中家长主义的一面试图“影响人们的行为以使他们的生命更长、更健康、更好”时，这些政策也“使人们更容易按自己的方式行事”（p. 5）。人类需要自由家长主义政策是因为人类有限的心智能力。人类经常是非理性的，比如，他们会“做出次优的选择，如果他们拥有完整的信息和无限的认知能力，不缺乏意志力，他们就会改变选择”（Thaler and Sunstein，2003，p. 175）。

助推：实质和示例

鉴于人类的弱点，自由家长主义者该做什么？为什么不用助推来改善人们的福祉？助推这种行为“在不禁止任何选择或显著改变其经济激励的前提下，以可预测的方式改变人们的行为。由于仅仅算作助推，在

避免干预上必须是简单且低成本的”（Thaler and Sunstein，2009，p. 6）。一个容易理解的助推示例发生在学校的自助餐厅，学生们走过自助餐线时，选择展出的午餐食物。[①] 自助餐厅的管理此前并没有考虑食品的展示和安排。最近，这所学校的家长和校领导开始担心学校的自助餐能否为学生提供足够的营养。因此，餐厅经理决定进行一项研究，以确定食物的展示和安排是否对学生选择的食物的营养水平产生不利影响。研究结果很有趣。首先，他们发现甜点经常摆在最前面，位置十分显眼。其次，他们发现健康的蔬菜通常没有很好地展示，也没有摆在显眼的位置。而且，最后，营养较少的“快餐”通常很明显地摆放在视线水平位置。通过实验，他们进一步发现，从营养的角度做出更好的食物定位和 83
展示决策，可以增加学生对健康食品的消费，减少不健康食品的消费。根据这些调查结果，自助餐厅经理决定改变食物的展示位置，以提高学生午餐选择的营养水平。由于这些变化，学生选择的食品中的营养水平比以前增加了 25%。显然，这所学校的学生已被助推了。可以说，这是一个成功的助推，结果是学生们更好了。

选择架构

在上面的例子中，自助餐厅经理已经成为一名选择架构师。“选择架构师有责任去构造人们决策的背景”（Thaler and Sunstein，2009，p. 3）。无论你是否注意到，任何环境中都有许多功能会影响人们的决策。做环境特征决策的选择架构师通常会对人们的选择产生至关重要的影响（Thaler，Sunstein，and Balz，2010，p. 428）。许多不同领域和情况的人都可以是选择架构师。例如，设计选民用于选择候选人的选票的人、设计新雇主参加公司医疗保健计划时需要填的表格的人、在餐馆

① 这是塞勒和桑斯坦（Thaler and Sunstein，2009，pp. 1－3）用于介绍助推概念的示例的修订和简化版。

设计菜单的人、“医生向患者描述可用的治疗方法……父母向青少年解释教育选择”，甚至传统的建筑设计师，也是选择架构师（p. 1）。值得注意的是，环境设计的所有特性都会以某种方式影响人们的决策。因此，选择架构师有责任挑选和使用以某种期望的方式而不是其他方式来影响决策的特征。理想情况下，选择架构师会选择那些能助推人们选择更长寿、更健康、更好的方式的特征（Thaler and Sunstein，2009，p. 5）。

对助推的需求

为什么人们需要助推？人们通常需要助推是因为他们忙着和复杂的世界相处，因此，没有足够的时间和精力去仔细思考他们要做的所有选择（Thaler and Sunstein，2009，p. 37）。因此，很多人会感激有效的
84 助推。人们在某些情况下需要更多的助推。一般来说，“人们在做不能获得及时反馈的困难且罕见的决策时，或者无法将情境的各个方面转化为易懂的术语时会需要助推”（p. 74）。这意味着在选择大学、选择职业和购房方面，助推可能更为重要，但是，对于每周购物而言则就不那么重要了。关于口味，食品购买通常给出相对清晰、快速的反馈，但是，就长期健康的某些方面而言，食物反馈可能非常缓慢且模糊（pp. 75 - 77）。总体而言，“很多助推的目标是让人们更轻松、更安全或更容易驾驭”（Sunstein，2014，p. 2）。“很多助推旨在确保人们在寻求与政府互动或实现目标时不会挣扎”（p. 2）。

助推增加了储蓄

有大量证据表明很多人没有为退休做足够的储蓄。尽管政府已通过法律制定了税收优惠储蓄账户，如 IRA 和 401(k)，以鼓励个人储蓄

(Thaler and Sunstein，2009，p. 105)，但事实仍然如此。为什么很多人储蓄太少？处理退休储蓄并不容易，这主要有两个原因。首先，对于人们来说，“算出他们退休后需要多少钱，然后，攒足够的钱以享受舒适的退休生活（为他们的余生），却又不会在他们仍在工作时牺牲太多”并非易事（p. 106）。其次，人们也很难有足够的毅力来执行他们的储蓄计划。当然，他们做这两件事的同时，还要处理许多其他有关金钱、时间和注意力的相互抵触的需求。为了帮助人们增加退休储蓄，我们提出了两个重要的助推：1）自动加入储蓄计划，和 2）为明天储蓄更多计划。

自动加入储蓄计划只需要将默认选项由很多组织都采用的非自动加入改成自动加入。默认选项是选择者不执行任何操作时将产生的选项。由于惯性和维持现状倾向，很多人只是遵从他们组织选择的默认选项。通过自动加入，除非选择退出，否则人们将加入此储蓄计划。用自动的非登记方式，人们只好选择（做出明确的选择）登记加入该计划 85
(Thaler and Sunstein，2009，pp. 110－111)。有大量证据表明，自动登记可以增加参与组织提供的储蓄计划的人数。此外，“事实上很少有人退出［假如他们本打算以后选择退出］确实表明，员工们并没有突然惊讶地发现他们存的钱比他们想存的更多”（p. 111）。塞勒和桑斯坦引用的证据（pp. 110－111）令人信服，这种助推让人们可以储蓄更多，从而改善了他们的福祉。

为明天储蓄更多（Save More Tomorrow，SMT）计划是塞勒和贝纳茨（Thaler and Benartzi，2004）开发的创新型助推计划的名称。与仅使用自动加入的通常情况相比，此计划大大提高了人们的储蓄率。SMT 涉及人们储蓄贡献的自动升级。要理解为什么 SMT 的选择架构有效，就要考虑人的本性中挫败人们存钱努力的方面：1）尽管人们可能认为他们应该节省更多并打算这样做，然而他们很少能够坚持；2）人们更容易同意未来而不是现在的某些改变；3）人们是损失厌恶的，特别是在带回家的工资方面（降薪会让他们很受伤害）；4）人们不愿改变（Thaler and Sunstein，2009，p. 114）。要参与 SMT，人们必须“预先承诺，一系列［储蓄］贡献与薪水的增长在时间上保持一致”（p. 115）。为达到一定的储蓄率，他们的储蓄率会随着工资的增加而增加。这意味着即使他们的储蓄率增加，他们带回家的工资也会继续增加（他们不会经历工资损失）。因为加入 SMT 计划的人所做的承诺是从未来开始的，并且由于他们不会经历损失，因而更愿意承诺。此外，当人们看到更高的储蓄结果时，这种承诺便得到加强。SMT 计划的特定选择架构可以带来显著有利的储蓄成果。正因为如此，“很多退休计划管理者采用了 SMT 理念”，包括先锋（Vanguard）、普信（T. Rowe Price）、美国教师退休基金会（TIAA-CREF）和富达（Fidelity）等龙头企业（p. 116）。当自动加入和 SMT 同时使用时，对更多储蓄的组合助推是非常有效的，并且似乎已经改善了人们的福祉。

十种重要的助推方式

86 行为经济学家近年来发展了丰富的助推，其数量和种类都在持续增长。为了更好地把握助推的类型，卡斯·桑斯坦（Sunstein，2014，pp. 585 - 587）汇总了十个重要类别的助推：

（1）默认规则（例如，自动加入计划，包括教育、健康和储蓄）。

（2）简化（复杂是一个严重的问题……它会造成混乱……也会增加费用。重要政府计划的好处会因过度复杂而大大缩减）。

（3）社会规范的使用（强调大多数人所做的事情，例如“大多数人投票……按时缴税”）。

（4）增加简单和便利性（例如，使低成本选择或健康食品显而易见……使选择变得容易……减少障碍）。

（5）披露（例如，披露产品的环境成本……披露某些信用卡的全部成本……）。

（6）图形或其他形式的警告信息（例如，引起人们注意的风险提示……香烟）。

（7）预先承诺策略（让人们承诺采取某种行动，例如，戒烟）。

（8）提醒（例如，使用电子邮件或短信进行对账单、义务和约会的提醒）。

（9）诱发实施意图（增加人们参与活动的可能性）。

（10）告知人们过去选择的性质和后果（例如，如果人们掌握了过去的医疗保健选择和支出的更多信息，他们的行为可能会发生变化）。

与其他政府工作相关的助推

政府在以不同的方式做很多事情。政府政策的工具包括授权、禁令、经济激励和抑制措施（包括补贴、规费和税收）、非财政激励和抑制措施、限制选择和助推（Sunstein，2014，p. 1；UK House of Lords， 87
2011）。一些政府工作的重点是改变人们的问题行为。这些工作的措施包括通知、劝说和促进（p. 2）。关于行为改变，像通常设想的那样，助推不会试图通过让人们对他们的行为深思熟虑来影响行为（p. 12）。正如本章前面所解释的那样，助推主要被理解为人们以向往的方式，对选择架构师引入的环境特征作出反应。那么，与行为经济学相关的政策措施（如助推）如何与标准政策措施相结合？以新加坡为例，这个国家对政府政策有独特的成功方法。在新加坡，政策制定者试图使用混合工具的政府计划，包括基于效率考虑的标准经济学工具和基于心理因素的行为经济学工具（Low，2012，pp. 6 - 8）。当政府试图解决一个庞大的社会经济问题时，这两种政府措施如何相互配合？在托马尔（Tomer，2013）关于解决肥胖问题所需努力的研究中，政府的政策建议包括传统的经济激励措施（例如，对不健康食品征税）以及影响人们的行为和价值观的社会和心理措施。同样令人感兴趣的是英国上议院关于“行为改变”的报告（UK House of Lords，2011，pp. 9－12），其中，对比了使用标准规则的干预措施与他们设计的使用“人类行为科学”的“非监管”的干预措施。后者就包括助推。英国报告的作者对助推方法的好处感兴趣并承认其好处，同时赞成采用标准监管方法和新的行为影响方法相结合的监管方法。

助推是合乎道德和可接受的吗？

助推的概念在伦理上遭到批评。主要的批评是，政府的助推可能会过度侵扰被助推者的生活。可以想象，助推可能涉及彻底的操纵和欺骗，从而强迫被助推者做一些不符合他们最佳利益的事情。这种性质的助推可能是隐蔽的，不会尊重被助推者的自主权，不允许他们自由地做他们想做的事情，并从经历中学习。为了防止这种负面的助推，支持者
88 提倡助推（特别是政府助推）应该是透明和公开的（Sunstein，2014，p. 2）。“公众应该能够仔细审查任何类型的政府行为”（p. 2）。为了提供必要的透明度，这“可能意味着直接告诉人们［助推］干预，或者可能意味着确保有洞察力的人能够自己辨别出［助推］干预已经实施”（UK House of Lords，2011，p. 13）。当然，特定助推在伦理上的可接受性在很大程度上取决于，它侵入被助推者生活的程度以及助推的隐蔽程度。但同样重要的是，任何助推在伦理上的可接受性将取决于公众对助推的重要性的看法，以及公众在某种意义上是否允许助推干预（p. 14）。归根结底，助推的伦理和公众可接受程度将在很大程度上取决于“［助推］干预旨在解决的问题的大小以及证明它有效的证据”（p. 15）。

良好的助推需要证据

人们普遍认识到，开发有价值的助推和其他行为上已知情的政策工具需要证据，且通常需要实验。英国上议院承认需要以证据为基础的政策，特别是与节能产品和戒烟相关的政策（UK House of Lords，2011，p. 6）。他们认识到对政府助推干预措施的评估应该充分利用行为学科，包括神经科学、心理学、社会学和行为经济学，以便反映对人们如何回应助推的现实理解（p. 8）。据桑斯坦（Sunstein，2014，p. 585）说：

> 依靠证据而不是直觉、轶事、一厢情愿或教条……是极为重要的。一些政策，包括一些助推，理论上看起来似乎很有前途，但在实践中却被证明是失败的。包括随机对照试验在内的实证检验是不可或缺的。当然，可能出现意料之外的不良后果，而明智的政策制定者必须提前预测这些意外（并在出现这些意外时予以修复）。有时实证检验表明，计划中的改革确实有效，但是，它的某些变体或者某些替代方案效果更佳。仔细控制进行实验是助推计划的主要目标。幸运的是，许多助推型实验
> 可以快速且低成本地以支持连续测量和改进的方式运行。原因是这些实 89
> 验有时涉及对现有计划的微小改变，并且这些改变可以以相对较少的费用或努力纳入当前的计划中。

值得注意的是，这种做法已被新加坡政府采用。新加坡政策制定者明白，他们引入的政府解决方案，可能无法从一开始就符合要求地运作。在他们看来，“找到正确的政策设计是……一个实验、犯错和‘干中学’的过程”（Low，2012，p. 7）。

世界各地的助推

理查德·塞勒和卡斯·桑斯坦的《助推》（*Nudge*，2009）一书的

出版，在某些方面引起了很大振奋。没过多久，一些对利用助推概念感兴趣的政府领导就找到了这些作者。例如，英国保守党的几位领导人联系了塞勒。有关这方面的更多信息，请参见塞勒（Thaler，2015）《“错误”的行为》（*Misbehaving*）一书中的第 33 章。这些英国政府领导人很快就明白了助推的潜力，并建立了行为洞察队（Behavioural Insights Team，BIT）。行为洞察队的官方使命是“在整个政府中传播对行为方法的理解，并实现了至少十倍于单位成本的回报。基本思想是利用行为科学的发现来改善政府的运作”（p. 334）。早些时候，塞勒与英国政府领导人举行了多次会议，通常是一名或多名高级政府官员和特定部门的负责人。根据塞勒（p. 334）的说法，“我们通常会以询问部门面临的问题作为会议的开始，然后就可采取的有效措施进行集体讨论。”塞勒认为（pp. 334－343），行为洞察队的活动比较顺利。助推的概念在较短时间内便被接受并且变得极具影响力，还在不少政府部门中得到使用。英国行为洞察队的举措涉及多个领域，包括戒烟、能源效率、器官捐赠、消费者保护和合规战略（尤其是与税收相关的）。在大西洋的另一边，卡斯·桑斯坦加入了奥巴马政府，并在 2009—2012 年期间担任美
90 国白宫信息和监管事务办公室主管（Sunstein，2016，p. 46）。根据桑斯坦的说法，“奥巴马政府中的一些人非常重视行为经济学的发现。我们采取了很多可以算作助推的倡议”（p. 46）。“相关举措［包括］……披露、警告、规范和默认规则，它们可以在多个领域中找到，包括燃油经济、能源效率、环境保护、医疗保健和减肥”（p. 46）。

现在其他国家也加入了这一运动。经济及社会研究委员会（the Economic and Social Research Council）于 2014 年发表的一项研究报告称，全球 136 个国家已将行为科学纳入公共政策的某些方面，51 个国家“已经制定了受新行为科学影响的集中指导政策倡议”。（Thaler，2015，p. 344）

很明显，行为发现对全球的监管、法律和公共政策产生了巨大影响，并且随着全球对低成本监管工具的兴趣日益增加，这种影响在未来

几十年中必然会增大。(Sunstein，2016，p. 46)

结　论

助推是一种保护人们自由的方法，它在特定的方向上引导人们以改善他们的福祉，但是，它也允许他们按照自己的方式行事。私人和公共机构均可使用助推（Sunstein，2014，pp. 583 – 584）。两种类型的机构都对使用助推表现出越来越大的兴趣，因为助推通常有很低的成本和促进很多经济与其他目标的潜力。之所以需要助推，是因为人类的认知能力有限，以及判断和决策中经常存在偏见。结果是人们经常做出（或没能做出）使他们无法获得潜在福祉的决策。因此，以相对较低的成本进行助推，可以使人们的生活更健康、更快乐、更轻松、更富裕、更安全、更简单，且在不牺牲他们选择自由的前提下比其他方式更易接受。助推是由选择架构师利用人类行为的知识和人们经常做出糟糕选择的特定情况的知识设计的。可以期待的是，随着更多类型的助推被开发，以用于世界更多地区的更多情境，并且我们学会了如何将助推与标准的政府监管实践相结合，所有人都将受益。

参考文献

Low，Donald (ed) 2012. *Behavioural Economics and Policy Design*：*Examples from Singapore*. London：World Scientific.

Sunstein，Cass R. 2014. "Nudging：A Very Short Guide，" *Journal of Consumer Policy*，37，583 – 588.

Sunstein，Cass R. 2016. "Behaviorally Informed Regulation，Part 1，" in Frantz，Roger，Chen，Shu-Heng，Dopfer，Kurt，Heukelom，Floris and Mousavi，Shabnam (eds) *Routledge Handbook of Behavioural Economics*. New York：Routledge, 45 - 59.

Thaler, Richard H. 2015. *Misbehaving: The Making of Behavioral Economics*. New York: Norton.

Thaler, Richard H. and Benartzi, Shlomo. 2004. "Save More Tomorrow: Using Behavioral Economics to Increase Employer Saving," *Journal of Political Economy*, 112, S164 - S187.

Thaler, Richard H. and Sunstein, Cass R. 2003. "Libertarian Paternalism," *American Economic Review*, 93 (2), May, 175 - 179.

Thaler, Richard H. and Sunstein, Cass R. 2009. *Nudge: Improving Decisions About Health, Wealth, and Happiness*. Revised and Expanded Edition. New York: Penguin Books.

Thaler, Richard H., Sunstein, Cass R. and Balz, John P. 2013. "Choice Architecture," in Shafir, Eldar (ed) *The Behavioral Foundations of Public Policy*. Princeton: Princeton University Press, 428 - 439.

Tomer, John F. 2013. "Stemming the Tide of Obesity: What Needs to Happen," *Journal of Socio-Economics*, 42, 88 - 98.

United Kingdom, House of Lords, Science and Technology Select Committee. 2011. "Behaviour Change: Report," 2nd Report of Session 2010 - 2012, London: The Stationery Office Limited.

第8章　法和行为经济学

回想一下，第2章中行为经济学的出现，是因为异端经济学家极力批评新古典经济学的科学方法。特别是这些经济学家强烈批判新古典经济学的理性选择理论，其中，经济参与人被描述为无情的、自私自利的福祉最大化者。行为导向的经济学家在当时也强烈批判新古典经济学的狭隘，特别是它与心理学和其他社会科学缺乏联系，更不用说它对数学的过分依赖了。如本章后文所述，许多法律学者最终都一样对新古典经济学失去了兴趣。 92

法和经济学

到20世纪80年代初，甚至更早，法学学者就开始承认法律在某种意义上是一种行为制度。这是一个“试图塑造行为——规范、激励、助推人们以某种方式而不是其他方式行事的制度……并且，法学学者［开始］理解通过专门负责正式法规的管理部门以外的许多机制，人类行为可以被刻意塑造”，尤其是经济激励、社会规范和心理影响（Ulen，2014，p. 93）。要注意，“因为法律出于对社会福利的某种考量而故意塑造人们的行为，所以对法律和行为的研究是与众不同的”（p. 94）。为了让法律实现其作为行为制度的潜力，法律需要一种可以解释受法律制度约束的行为者如何回应不同类型法律制裁的行为理论。这便是 20 世纪 80 年代早期法学学者决定将法律与经济联系起来的原因。随着法学学者引入了一系列关于人类在不同情况下如何反应的假设，被称为法和经济学的领域应运而生。他们引入的假设基本上是理性选择理论，假
93 设个体会选择最大化其福祉的行动，对企业而言则是最大化其利润。发展成为新古典经济学工具的法和经济学被逐渐调整，以理解人们关于法律的行为（Korobkin and Ulen，2000，p. 1055）。两个重要的法律观点源于对人们理性回应激励措施的假设。“首先，法律可以作为一个强大的鼓励社会希望的行为，并阻止不希望行为的工具。在有技巧的政策制定者手中，法律可以用来补贴某些行为，并对其他行为征税”（p. 1054）。其次，无论有意或无意，法律都可以鼓励有效利用资源、鼓励生产，或鼓励资源所有权的重新配置（p. 1054）。

由于法和经济学在 21 世纪初“达到了理智的成熟期”，许多律师都开始意识到，这种合理性假设严重限制了法和经济学在学术上的继续发展（Korobkin and Ulen，2000，p. 1055）。“只是有太多可信的实验证据表明，个人经常以不符合理性选择理论假设的方式行事”（p. 1055）。此外，很多律师分析过基于难以置信的理性假设的法律激励效应，并意识到这些法律政策不可能有有效的结果（pp. 1055 - 1056）。因此，很多努力都用在了理解主流法和经济学的不足上。以下部分概述了一些与法和经济学相关的问题，并解释了需要与法律相配的经济学。

在谈到法和经济学有问题的方面之前，让我们先考虑一些有益的方面。根据新古典经济学，法和经济学的一个关键部分是，当人们以理性的行为方式自由地参与市场交换时，市场的结果对所有参与者来说都是

最佳的，因为所有参与者都会变得更好，并且总体结果的特征是资源得到有效利用。还要注意的是，根据新古典经济学理论，在相当多的情况下最优结果会被“市场失灵”阻碍。由于市场失灵，理性而自利的个体做出的自由选择会导致集体上的次优结果。换言之，在这些情况下，“个体理性与集体理性会发生分离”（Ulen，1994，p. 492）。有四类市场失灵值得注意：1）公共物品，2）外部成本或收益，3）不完全竞争 94
（市场力量是存在的），4）严重的信息不对称（pp. 492 - 493）。

考虑公共物品情况下的市场失灵。公共物品是集体消费的，消费者如果不支付其费用依然不会被排除在该商品的消费之外（Ulen，1994，pp. 492 - 493）。烟火表演和国防都是公共物品的例子。公共物品市场失灵是因为消费者有强大的坐享其成的激励，因此，企业将无法通过提供该商品而获利。结果是预期很少或没有任何该产品会产出（次优结果）。假设生产该产品的收益远远超过其成本，由于该商品无法通过自由市场交换生产，因此，有必要由政府（或其他非市场解决方案）供给。

考虑由外部成本导致的市场失灵的典型情况：企业在生产商品的过程中对他人施加的企业自身不需承担的有害成本。一个例子是企业通过污染空气的方式对他人施加成本，对当地居民的呼吸问题和住宅外观产生了不良影响。因此可以说，市场在公司商品的最适宜的大量供给上是失灵的，承受高代价伤害的人的福利减少了。根据新古典经济学，这个问题的经典解决方案是，根据企业对他人施加的有害成本对其施加等额的惩罚。这种针对市场失灵的“解决方案”理论上会同时导致产量最优和受害者福利的改善。对于一个垄断企业或一些近似垄断企业下的不完全竞争的情况，新古典经济学理论用类似的方式解释了市场不能达到福利最大化的最优产量的原因。新古典经济学理论还提供了对严重信息不对称情况的分析，并对相关的市场失灵提出了解决方案。

上述理论是法和经济学的一部分，它之所以重要是因为它概述了自由的市场交换预期在哪些地方会表现令人满意，在哪些地方会表现不佳。因此，法和经济学对应该如何设定法律以鼓励有效利用资源有影

响。关键问题在于：何时应该鼓励自由交换？其他形式的经济组织何时
95 有必要且需要得到鼓励（Ulen，1994，p. 515）？毫无疑问，新古典经济学理论在处理市场失灵上有自己的经济学逻辑，且颇有道理。然而，也有很多原因导致了新古典经济学理论在理解人和企业典型的行为方式上的失败。正如乔尔斯、桑斯坦和塞勒（Jolls，Sunstein，and Thaler，1998，pp. 1476－1479）在他们极具影响力的论文中解释的那样，相比于以高度理性的方式最大化自己的福利，个人的行为通常表现出有限的理性、有限的利己和有限的意志力。企业同样对利润感兴趣，但在关注盈利能力上通常也并不是高度理性的。理解了法和经济学的这些弱点，法学者们已开始寻求替代方法。这个替代方法已被贴上了不同的标签。一些法学者称之为法和社会经济学；其他人称之为法和行为经济学甚至法和行为科学。这些不同的标签在一定程度上反映了法学者对于法律专业需要什么以及法和经济学缺少什么的不同理解。

法和社会经济学

根据罗伯特·阿什福德（Robert Ashford）的说法，如果律师支持法和社会经济学而不是法和经济学，他们会好得多。让我们首先考虑社会经济学的本质特征。“社会经济学是一种积极且规范的方法，旨在呈现对经济现象的真实、严谨、全面的理解”（Ashford，2007，p. 1405）。社会经济学不认同理性选择理论。相应地，社会经济学家认识到人并不是单纯地自利，也会关心他人的幸福。无论是在实证研究还是理论研究上，社会经济学都坚决以使用科学方法为基础。社会经济学“不需要采用任何特定的经济思想学派”（p. 1406）。不像新古典经济学，社会经济学是一种多学科的方法。它包括经济学、心理学、社会学、政治学、生物学、人类学、哲学、历史、法学和管理学（Harrison，1999，p. 225）。在认识到新古典经济学强大而普遍的影响的同时，社会经济学家试图了

解和改进新古典经济学的局限性，并开发它的替代品（Ashford，2005，p. 1）。此外，社会经济学认识到“个人选择不仅由理性和自身利益的概念塑造，也由情绪、社会纽带、信仰、期望和道德感塑造”（p. 2）。换句话说，社会经济学考虑人的全部。[①] 96

杰弗里·哈里森（Jeffrey Harrison，1999，p. 224）认为，“法学和社会经济学之间的契合度比法学和经济学之间的更高；换句话说，社会经济学是对法学更好的补充。”最重要的原因是相比经济学，社会经济学更好地理解了什么是公平。从新古典经济学的角度来看，公平的结果是资源的再分配使至少一个人的境况更好而没有人更糟（p. 225）。如上文所述，标准经济学的重点在于使人们在物质上变得更好或更糟的市场交换；也在于使人们在感受上变得更好或更糟的事物（p. 226）。所以，如果在双方的交换中，每一方在物质和感觉上都变得更好（或至少没有变得更糟糕），那么，就可以认为结果是公平的。但是，从社会经济的角度来看，事情没那么简单。从社会经济学观点理解公平，需要关注相关的社会互动以及个人的心理特征（p. 230）。想要充分认识到所做的事情是否公平，需要知道人们如何评估相关收益和（或）损失。在社会经济学中，公平是一个多维概念；它不仅仅与物质的考量有关。回想一下，理想情况下法律体系需要的是“法律旨在鼓励人们做‘正确’的事情”。为了实现这一点，法律制度有必要体现“对人类动机层面的广泛理解”（p. 231）。公平要求法律决定确认“人们感受到的对彼此的义务以及他们愿意根据责任感行事的程度”（p. 231）。结果是，关于公平，法和社会经济学的广阔使其远远优于法学和经济学的狭隘。

罗伯特·阿什福德也认为社会经济学比标准经济学更适合法学。他的论点是基于理解优秀的律师在美国法律体系中的适当角色。他指出，律师的角色受其职责规则的约束。优秀的律师是“在抗辩制中［他的客户的］人身和财产的守护者”（Ashford，1997，p. 2）。

---

① 美国法学院协会的社会经济学部对于那些对法和社会经济学感兴趣的人来讲是一个重要的集会。

> 律师必须确定客户目标，直奔事实，了解证据实际的局限性，了解法律，在法律范围内称职地服务客户并为客户和社会提高法律制度的价值。(Ashford，1997，p. 3)

> 97 一个优秀的律师不会局限于一门学科。相反，她做决策时会借鉴所有相关学科。优秀的律师对客户、对手、第三方、律师和法官的经济行为，受价值观、道德、情感、信仰、期望和非理性的影响高度敏感。优秀的律师认为人并不是可以完全剖析的、一维的利润最大化者。相反，她会意识到人与人之间的紧密联系是无法用一维效用函数完全解释或预测的，无论这个函数构建得多么全面。(Ashford，1997，p. 3)

从阿什福德阐述的观点来看，受限于狭隘的法学和经济学（所以此处指新古典经济学）观点的律师显然不是优秀的律师。社会经济学的广阔视野才能与被期望的优秀律师的广泛职责相适应。

社会经济学与行为经济学的对比

有人可能会问：如何比较社会经济学与行为经济学？与行为经济学相比，社会经济学领域更加广泛，主题更不明显，且受行为经济学研究影响很大。社会经济学和行为经济学学者都反对大多数新古典经济学特征的科学化方法。也就是说，他们反对理性选择理论，反对实证主义的科学方法，反对新古典经济学的死板和狭隘，反对过度使用数学，并赞成使经济学成为一门跨学科的社会科学（第 2 章）。比较行为经济学与社会经济学的一个问题是：行为经济学有很多分支。一个非常重要和突出的分支是源于心理学家卡尼曼和特沃斯基研究的心理经济学。如第 2 章所示，他们的研究主要集中在人类的认知功能，以及人们为什么倾向于犯可预测的判断和决策错误。想想马修·拉宾，作为一位心理学经济学家，他的研究与该领域的其他行为经济学家相似。相比于新古典经济学，他的研究更多地结合了心理现实主义，更少地使用数学，也更少地使用实证主义方法；不过他仍然使用了新古典经济学的很多方法和假设（第 2 章）。正因为如此，尽管一些社会经济学学者运用了很多行为经济学思想去解释为什么拒绝新古典经济学，他们仍然没有接受行为经济学这个词。从本质上讲，社会经济学是一个更广泛、更分散、更跨学科版 98
本的行为经济学。

法和行为经济学（或社会经济学）

如前文所述，法学与新古典经济学结合，即法和经济学，对使法学学者能够理解法律应如何构建以克服市场失灵，从而提高经济效率做出了重要贡献。比如法和经济学简述了法律应如何处理公共物品、外部成本和效益导致的市场失灵以及过度的市场势力。尽管有这些贡献，法和经济学依然受制于有问题的人类绝对理性假设，这一假设显然不现实。为了纠正这个问题，很多法学学者已转向法和行为经济学（或法和社会经济学），因为这两个领域都“建立在法和经济学的核心学术观点之上，但又重视理性选择理论的缺点”（Korobkin and Ulen，2000，p. 1057）。两个学科领域都用到了行为经济学的重要见解，尤其是心理经济学和源于赫伯特·西蒙有限理性研究的观点。法和行为经济学（或社会经济学）的目标是创造体现行为现实主义的法学，并因此创建一个具有良好激励效果的法律体系（p. 1058）。法学与行为经济学整合的结果是，现在法律更好地反映了人们通常做出远达不到经济最优的决策这一观点（p. 1143）。一个例子是，法律可以体现人们的决策行为取决于决策背景的观点，即“情境变量是决策的关键因素”（p. 1143）。另一个例子是，与理性选择理论相反，法和行为经济学越来越多地反映了人们通常不会完全自私地行事的观察结果。例如，人们在决策时通常考虑行为的公平性，考虑他们社区的需求，并且也会进行大量合作。人们也经常自愿捐助公共物品。因此，法和行为经济学的观点是：人们不是无限理性和无限自私的。人们背离了新古典经济学的严格经济理性。然而，这些背离在许多情况下可以理解为合理的、可理解的人类行为（p. 1144）。

在其他情况下，经济上非理性行事的人做不到符合他们最大利益的
99 事也并不奇怪。因此，可能需要略带家长制的法律为人们提供有益的诱导，从而使他们达到自己想要的目的。这可能涉及威慑社会不良行为或鼓励提升人类健康和福利的良好行为（Jolls，Sunstein，and Thaler，1998，p. 1522）。这些法律可以通过重新厘清情况，或使良好的选择生动、突出，或削弱人们过度乐观的倾向来鼓励良好行为。或者，法律可能会使有益的助推成为可能（pp. 1536 - 1537）。法律也可以帮助处理可能缺乏自制力的“罪犯”。一些犯罪行为可以通过提高犯罪行为的实际或感知成本来阻止，或者鉴于违法者倾向于严重轻视未来，通过影响导致罪犯成本和处罚的时机，罪犯可能会被威慑（pp. 1538 - 1539）。法律可能涉及的另一个领域与人们典型的决策失误和判断偏见有关。这些认知缺陷为投机主义营销人员创造了机会，他们通过对自己产品质量或可用性的虚假和误导性宣传来利用客户的缺陷（Zamir，2016，pp. 5 - 6）。注意在上述情况下存在一种“市场失灵”。然而这里的市场失灵与早先提到的由市场结构导致的那种失灵截然不同。上述情况下的失灵与人类的认知功能，特别是决策有关（Ulen，1994，p. 521）。因为这两种市场失灵截然不同，需要的法律补救措施也截然不同。

总之，使用行为经济学，法学可以包含很多关于如何使法律制度更好地运作的新法规（Jolls，Sunstein，and Thaler，p. 1546）。使用行为经济学，法律可以更好地显示什么时候家长制是合适的，什么样的家长制是最合适的。

参考文献

Ashford，Robert. 1997. “Socio-Economics：What Is Its Place in Law Practice，” *Wis-*

consin Law Review, 611, 1-9.

Ashford, Robert. 2005. "Socio-Economics—An Overview," July 4, Available at SSRN. 1-6.

Ashford, Robert. 2007. "Socioeconomics," in Clark, David S. (ed) *Encyclopedia of Law and Society: American and Global Perspectives*. Los Angeles: Sage Publications, 1405-1408.

Harrison, Jeffrey L. 1999. "Law and Socioeconomics," *Journal of Legal Education*, 49 (2), June, 224-235.

Jolls, Christine; Sunstein, Cass and Thaler, Richard H. 1998. "A Behavioral Approach to Law and Economics," *Stanford Law Review*, 50 (5), May, 1471-1550.

Korobkin, Russell B. and Ulen, Thomas S. 2000. "Law and Behavioral Science: Removing the Rationality Assumption from Law and Economics," *California Law Review*, 88 (4), July, 1051-1144.

Ulen, Thomas S. 1994. "Rational Choice and the Economic Analysis of Law," *Law and Social Inquiry*, 19 (2), Spring, 487-522.

Ulen, Thomas S. 2014. "The Importance of Behavioral Law," in Zamir, Eyal and Teichman, Doron (eds) *The Oxford Handbook of Behavioral Economics and the Law*. Oxford: Oxford University Press, 93-124.

Zamir, Eyal. 2016. "Law and Behavioral Economics," in *Encyclopedia of the Philosophy of Law and Social Philosophy* (Forthcoming). Available at SSRN. May 8, 1-10.

第9章　行为宏观经济学

凯恩斯主义宏观经济学

101　要理解行为宏观经济学，就要从现代宏观经济学的开端开始。也就是说，我们要从1936年约翰·梅纳德·凯恩斯（John Maynard Keynes）的《通论》（*General Theory*）出版开始。凯恩斯创建的宏观经济学着重于萧条或衰退问题。更具体地说，它关注的是为什么一个国家的产出可能远低于其潜在产出，或是为什么一个国家的失业率可能远高于充分就业下的失业率。在凯恩斯理论框架中，经济萧条的解决方案是使用积极的货币政策和财政政策提高国民总需求。一方面，当总需求上升并高于当前产出时，可以预期企业的反应会是向市场提供更多商品。因为要想有更高产量，企业就要雇用更多员工，从而提高就业并降低失业。另一方面，如果由于某种原因总需求大幅下降，这一过程则相反，企业供给更少的商品，更低的产量使得它们解雇员工。在这种低迷的情况下，市场的本能机制不会自发地导致复苏吗？凯恩斯认为，经济自动反弹在失业过度时存在障碍。其中，一个障碍是工资和物价通常在下行方向上具有“黏性”。在经济低迷时期，刚性工资率，以不会自然下降的工资率为例，意味着小时工资率的价值将高于工人在那个小时内的产出。而且意味着需求下降时，企业没有动力雇用或留住员工。因此，失业率没有反弹的趋势。更进一步，凯恩斯对萧条的分析包含了重要经济活动者的各种非理性行为。

宏观经济演变

除了了解凯恩斯主义宏观经济学的基本原理外，了解现代宏观经济 102
学在过去 75 年左右是如何发展的也很重要。在 20 世纪 40—50 年代，凯恩斯主义经济学逐渐有了追随者，尤其是年轻的经济学家，这些经济学家开始以各种方式将凯恩斯主义的概念转化成数学、图表和均衡模型。到 20 世纪 60 年代后期，凯恩斯主义宏观经济学的内容，以及其解释宏观经济波动的作用和对政策的指导意义已获得广泛认同（参见 Akerlof，2007，p. 5）。此时，凯恩斯宏观经济学被称为新古典综合派；它包括固定货币工资和均衡分析（Akerlof，2002，p. 411）。这一版本的凯恩斯主义宏观经济学逐渐发展成为新凯恩斯主义宏观经济学。新凯恩斯主义者“依然相信政府的积极作用。然而……他们大多接受投资者和消费者理性以及市场通常正确的观念”（Krugman，2009，p. 5）。这是凯恩斯主义，但与凯恩斯的思想有很大不同。应该注意的是，为了使他们的宏观经济理论更现实、更凯恩斯，新凯恩斯主义者加入了各种各样的“冲突”，包括信贷约束、市场不完善、信息失灵、税收扭曲、交错合同、不确定性、菜单成本和有限理性（Akerlof，2007，p. 6）。

在 20 世纪 60 年代末 70 年代初，新兴古典（new classical，NC）

经济学出现了。新兴古典经济学家“完全拒绝了凯恩斯理解经济衰退的框架”（Krugman，2009，p. 5）。新兴古典经济学的出现是一场反凯恩斯主义的反革命。换句话说，新兴古典经济学是全面地“从凯恩斯主义撤退和向新古典主义回归”（p. 4）。新兴古典经济学家对自由市场和自由市场经济永远不会误入歧途抱有坚定的信念（p. 2）。换句话说，他们相信自由市场经济能自发地从经济低迷中反弹。此外，新兴古典经济学家“看到了……［凯恩斯主义］宏观经济学薄弱的微观基础……他们不喜欢它缺乏严谨性”（Akerof，2002，p. 411）。新兴古典经济理论认为，所有经济行为者的决策都遵循理性、最大化的行为，并且新兴古典经济学家拒绝黏性货币工资的假设（p. 412）。根据克鲁格曼（Krug-
103 man，2009，p. 2）的批判性描述，“随着大萧条的回忆逐渐消退，［新兴古典］经济学家们重新爱上了理想化的旧经济设想，即理性的个人在完美的市场中互动，这次他们用了复杂的方程来包装”。“到了 1975 年，经济学家们已分为［两个］相反的阵营”：凯恩斯主义者和新兴古典主义者（反凯恩斯的新古典主义经济学家）（p. 8）。与凯恩斯主义者相反，新兴古典经济学家认为，“普遍性的需求不足是不可能的，因为价格总会向供需均衡的方向移动”（p. 9）。因此，新兴古典经济学家认为很少或根本不需要积极的反周期政策。新兴古典经济学家也不同意凯恩斯主义将无法找到工作的工人描述为非自愿失业。在新兴古典主义看来，寻求就业的工人应始终视为自愿失业。他们认为这些工人只是拒绝了本可得到的工作，因为他们对这些工作的工资和工作条件并不满意（Akerlof，2002，p. 414）。

迈向行为宏观经济学

乔治·阿克洛夫一直是行为宏观经济学发展的最重要的贡献者。他的“梦想是发展……符合约翰·梅纳德·凯恩斯《通论》的原始精神的行为宏观经济学”（Akerlof，2002，p. 411）。他寻求发展符合凯恩斯原创贡献的宏观经济学，而不是新凯恩斯主义宏观经济学。他对基于新古典主义行为假设的宏观经济学显然不感兴趣。阿克洛夫所做的是通过结合基于全面的心理学和社会学假设来强化宏观经济理论（p. 411）。因此，他的研究利用了行为科学的概念，如认知偏见、互惠、公平、羊群效应、社会地位，以及行为经济学家使用的其他类似概念。阿克洛夫的目标是建立“仔细关注现实中微观经济细节”的模型（p. 414）。

阿克洛夫最重要的贡献之一就是效率工资的概念。阿克洛夫和他的一些合作者，包括他的妻子珍妮特·耶伦（Janet Yellen），开创了效率工资理论来解释非自愿失业的存在。效率工资模型“假设由于如士气、公平、内部权力或信息不对称等原因，雇主有强烈动机支付工人多于能吸引他们的最低必要工资”（Akerlof，2002，p. 414）。当企业支付的工资高于市场出清工资时，雇主的求职者将多于他们想雇用的人数。在这种情况下，雇主通常会对工作进行配给，仅给一小部分申请人提供就业 *104*
机会。正在寻求就业但无法找到工作的人是非自愿失业的。效率工资超过供求平衡工资的程度在不同的经济部门中往往不同，这导致了“看似相似的工作和明显有相同特征的工人收入各有不同”（pp. 414 - 415）。另外，有趣的是，在其他方面相同时，薪酬较高的行业通常比薪酬较低的行业有更低的离职率和更好的工作条件（p. 415）。因此，存在“好工作”和“坏工作”之分。而且之所以有人会非自愿失业，不仅是因为企业采取支付效率工资率的做法，也因为一些企业提供了好工作而其他企业没有。

让我们更充分地考虑企业支付效率工资的心理学和社会学原因。一种解释是互惠或礼物交换。如果雇主给工人的工资高于雇用他们所必需的工资，工人倾向于回报这个“礼物”，且比只获得最低必要工资的情况下对企业更加忠诚（Akerlof，2002，p. 415）。同样地，企业向工人支付高于市场出清工资的工资，可以避免工人认为他们的工资不公平。当工人觉得自己遭受了雇主的不公平对待时倾向于减少努力（p. 415）。

要知道支配车间的群体规范在决定工人如何看待公平和雇主的“礼物”上非常重要。更笼统地讲，规范在很多情况下很重要，因为它们“反映了……［不同］决策者认为自己和其他人应该或不该如何表现”（Akerlof，2007，p. 6）。考虑规范要考虑到人类决策的目的性（p. 31）。效率工资理论的一个有趣的版本是内部人-外部人模型，“内部工人阻止企业以……低于内部人目前所得的工资雇用外部人。这个理论暗含了内部人有能力破坏新工人加入企业的假设”（Akerlof，2002，p. 415）。另一个版本的效率工资理论认为，高于市场出清工资是一种纪律手段。在这个模型中，“企业支付‘高’工资以减少工人偷懒的动机。所有企业支付‘高于平均水平’工资的行为……使平均工资水平高于市场出清水平，也就创造了失业。失业可作为一种纪律手段，因为由于偷懒而被解雇的
105 工人只有在失业一段时间后才能重新就业”（pp. 415－416）。

除了企业支付工人效率工资的理论，阿克洛夫对工资率的理解还有另一个重要因素。阿克洛夫（Akerlof，2002，p. 420）同意凯恩斯的观点，即“工人抵制，而企业很少干预名义工资的削减”。凯恩斯关于工人抵制名义工资削减的假设是基于他对心理学的直观理解（p. 420）。据阿克洛夫讲，工人对削减工资的抵制与源于前景理论的理论和证据一致。“前景理论认为，个人根据相对于某些参照点的收益或损失来评估其环境变化。［如之前的章节中所示，］证据表明，个人把避免损失摆得比获得收益靠前得多……如果工人将当前的货币工资作为衡量收益和损失的参照点，向下的工资刚性就是前景理论的自然结果”（p. 420）。和其他大多数人一样，工人也是损失厌恶的。①

杜鲁门·比利（Truman Bewley，1999）提出了为什么工资没有在经济衰退期间下降的问题。为了找到答案，他采访了康涅狄格州和附近

① 与阿克洛夫和其他凯恩斯主义者如萨缪尔森和克鲁格曼相反，保罗·戴维森（Paul Davidson），一个重要的凯恩斯主义宏观经济学家，并不同意货币工资的刚性是资本主义经济趋于周期性衰退/萧条的主要原因。戴维森（Davidson，2016）认为，不确定背景下流动资产的根本属性才是问题的核心。

州的336位经理、劳工领袖和就业顾问（Howitt，2002，p.126）。他从受访者的回答中发现了一个重要部分是，雇主认为企业的员工队伍有良好的士气是很重要的：

> 良好的士气……通过提高工人的生产率、努力程度、创造力和合作精神，以及减少旷工和人员流动的方式对企业的利润产生了积极影响；有动力的员工往往也能提供良好的客户服务，使企业有良好的声誉。然而，士气很脆弱，如果工人觉得他们遭受了轻视或不公平对待，或者出于任何原因，他们不再认同组织的目标，士气会迅速恶化。(p.126)

因此，雇主不愿意削减工人的名义工资，因为他们知道工人会把这种削减解读为不公平的、敌对的行为，而这会降低他们的士气(p.126)。比利的采访十分深入。从这些采访中可以很清楚地看到，"经理们将士气视为决定员工关系是否成功的首要因素"（p.128)。比利发现55家真的削减了工资的雇主中，51%的人表示这导致了严重的 106
士气问题（p.129)。比利还从个别企业记录的数据中发现"名义工资削减确实是罕见的，而且它们的出现几乎总是伴随着不同寻常的情况"(p.130)。这些发现与互惠理论相符的是，"人们［比如工人］会因他们认为的敌对行为而花费大量资源来惩罚他人［比如雇主］"(p.134)。此外，这些发现与行为科学一致，却与传统经济学的最大化行为完全不一致。比利的研究非常重要，因为它提供了实际劳动力市场的全貌图，也描绘了行为宏观经济学可能会更加以经验为导向的前景(p.137)。

动物精神和宏观经济

根据乔治·阿克洛夫和罗伯特·希勒（George Akerlof and Robert Shiller，2009）的说法，理解宏观经济的行为有两个主要部分。第一部分涉及决策和关系的逻辑。这个部分包括宏观经济学家进行的相对直接、标准的经济和金融行为分析，无论是凯恩斯主义还是非凯恩斯主义。然而，第二部分解释的那部分宏观经济行为在很大程度上挑战了那些专业知识仅限于标准经济和金融学的人。凯恩斯对第二部分有一些观点；他用“动物精神”这个词来指代这个行为。在《动物精神：人类心理如何驱动经济、影响全球资本市场》(*Animal Spirits: How Human Psychology Drives the Economy and Why It Matters for Global Capitalism*）一书中，阿克洛夫和希勒（Akerlof and Shiller，2009）解释了人类的动物精神在资本主义经济的盛衰中所扮演的角色，以及这方面与更传统的经济分析所关注的现象有何不同。请注意阿克洛夫和希勒的动物精神的概念与凯恩斯的概念类似，但更为详尽，只是在某些具体方面有所不同。

一般来说，动物精神指的是经济中的一个不安定、不一致、不确定的元素（Akerlof and Shiller，2009，p. 4）。根据阿克洛夫和希勒（p. ix）所言，动物精神的重要元素由五个心理因素构成，分别是信心、公平、腐败和不守信、货币幻觉和故事。换句话说，由于人们的动物精神，他们受下列因素影响很大：1）他们是否受到公平对待，2）他们对
107 腐败的诱惑的抵抗力，3）他们对恶行的排斥程度，4）他们因通货膨胀而产生的混乱，5）他们受故事的影响多于受经济推理的影响（p. 73）。与这些因素有关的变化是大多数繁荣和萧条的最终原因，这对于在21世纪的第一个十年中发生的繁荣与萧条必然是正确的。“这些现象单以传统经济理论是无法理解的”(p. ix)。

我们创造并讲给自己和他人的关于经济的故事，可以说是动物精神最重要的方面。故事之所以重要，是因为“人类的思维模式习惯于故事叙述，以及具有内在逻辑和动态且呈现为一个统一整体的事件序列”(Akerlof and Shiller，2009，p. 51)。人类的动机源于我们给自己讲的故事。以及“人们对基本事实的记忆……在大脑中以故事作为索引”(p. 51)。当一个国家或地区的很多人都相信同一个故事时，他们的故事就可能影响市场和经济（p. 54)。使人很有信心的故事，如关于新业

务或新业务种类（新时代故事）的心灵鸡汤，或是一些人如何巧妙致富的传说，与世界上经济体的重大繁荣有关（p. 55）。这种诱导信任且鼓舞人心的故事可以传染性地传播，并达到流行甚至狂热的程度，也可以在信心下降的情况下形成恐慌（p. 56）。这些故事促使人们自发地以一种与经济理性的动机截然不同的动机行事（p. 3）。

理解动物精神最重要的是，这些非经济且大部分非理性的动机主导着大量的经济活动。“在凯恩斯看来，这些动物精神是经济如此波动的主要原因，也是非自愿失业的主要原因”（Akerlof and Shiller，2009，p. xxiii）。这就引出了政府的角色。根据阿克洛夫和希勒（以及凯恩斯）的说法：

> 一方面，资本主义社会……可以极具创造力。政府应该尽可能少地干预这种创造力。另一方面，如果让它们自行其是，资本主义经济将追求过度……也就会出现狂热。狂热之后则是恐慌。失业也会出现。人们会有太多的消费和太少的储蓄。少数人会得不到应有的待遇且承受痛苦。房价、股票价格和石油价格将会暴涨，随即暴跌。政府应该扮演的角色就像……父母应该扮演的角色一样——搭建舞台。舞台应把控制权 108
> 全部交给资本主义的创造力。但是，它也应该抵消那些因我们的动物精神而产生的过度。（Akerlof and Shiller，2009，pp. xxiii-xxiv）

换句话说，政府不应过于宽容。政府应该认识到人们是凡人，有动物精神，因此，经济既需要积极的政策，也需要大量监管来控制和对抗过度（p. xxiv）。

讨 论

行为经济学在微观经济领域产生的影响并未广泛波及宏观经济学（Thaler，2015，p. 349）。根据塞勒（p. 350）的说法，有几个原因。首先，“这个领域缺乏促成行为金融成功的两个关键因素：1）理论不能做出可轻易证伪的预测，并且 2）数据相对稀少”（pp. 349 - 350）。另一个困难在于两个主要的宏观经济学阵营（凯恩斯主义者和非凯恩斯主义者）都有强势的观点，并且，似乎连在经济衰退期间该做什么的最基本的建议都无法达成一致（p. 350）。尽管如此，我和其他有相似观点的人，如保罗·克鲁格曼（Paul Krugman）都很清楚，一个行为现实主义宏观经济学需要遵循阿克洛夫与希勒的道路及凯恩斯主义传统。正如克鲁格曼（Krugman，2009，p. 2）指出的那样，宏观经济学不需要更引人注目、才华横溢的新古典主义数学模型。“经济学家需要的是抛弃那些简洁但错误的解决方案——假设每个人都是理性的，市场完美地运行”（p. 19）。显然，“凯恩斯经济学仍然是我们理解衰退和萧条的最佳框架”（p. 18）。基于阿克洛夫等人的行为宏观经济贡献的研究，似乎仍有很大的发展空间，而发展行为宏观经济学并使其成为政要和公众都可以越来越倚仗的解决衰退和通胀问题的领域，也还有很长的路要走。①②

参考文献

Akerlof, George A. 2002. “Behavioral Macroeconomics and Macroeconomic Behavior,” *American Economic Review*, 92 (3), June, 411 - 433.

Akerlof, George A. 2007. “The Missing Motivation in Macroeconomics,” *American Economic Review*, 97 (1), 3 - 36.

---

① 根据约翰·金（John King，2013，p. 4）的观点，“行为经济学与后凯恩斯主义宏观经济学的边界在很大程度上未被探索，且存在大量待发掘的机会。”然而，金承认，“大多数后凯恩斯主义者很少或根本没有提及或使用行为经济学，至少他们发表在《后凯恩斯主义经济学期刊》（*Journal of Post Keynesian Economics*）上的那部分研究是这样”（p. 4）。金指出，著名的后凯恩斯主义者保罗·戴维森对行为经济学颇有兴趣，并写了一篇题为《凯恩斯是第一位行为经济学家吗？》（Was Keynes the First Behavioural Economist）的文章（p. 4）。

② “在过去的 20 年中，学者们在宏观经济学模型中吸收了越来越多的行为经济学成果”（Driscoll and Holden，2014，p. 133）。“行为心理学的很多成果也有可能应用于宏观经济学”（p. 143）。

Akerlof, George A. and Shiller, Robert J. 2009. *Animal Spirits: How Human Psychology Drives the Economy, and Why It Matters for Global Capitalism*. Princeton: Princeton University Press.

Bewley, Truman F. 1999. *Why Wages Don't Fall During a Recession*. Cambridge, MA: Harvard University Press.

Davidson, Paul. 2016. "Why Neither Samuelson's Neoclassical Synthesis Keynesianism Nor New Keynesianism Theory is Compatible with Keynes's General Theory Explanation of the Cause of Unemployment," Unpublished paper presented on September 17 at the Post-Keynesian Conference, Kansas City.

Driscoll, John C. and Holden, Steinar. 2014. "Behavioral Economics and Macroeconomic Models," *Journal of Macroeconomics*, 41, 133 - 147.

Howitt, Peter. 2002. "Looking Inside the Labor Market: A Review Article," *Journal of Economic Literature*, 40, March, 125 - 138.

Keynes, John Maynard. 1964 [1936] . *The General Theory of Employment, Interest, and Money*. New York: Harcourt, Brace, and World.

King, John E. 2013. "Should Post-Keynesians Make a Behavioral Turn?" *European Journal of Economics and Economic Policies: Intervention*, Edward Elgar Online.

Krugman, Paul. 2009. "How Did Economists Get It So Wrong," *New York Times Magazine*, September 2, 1 - 19.

Thaler, Richard H. 2015. *Misbehaving: The Making of Behavioral Economics*. New York: Norton.

第10章 行为经济学的经验方法

关于经验调查研究，新古典主义经济学和行为经济学截然不同

110 如第 2 章所述，新古典经济学强调使用演绎推理、高度数学化的分析，以及使用通常复杂而精美的正式的数学模型。因此，新古典经济学往往也更少地重视经验调查研究和归纳法的使用。回想一下，新古典经济学与心理学及其他社会科学之间也缺乏联系。与新古典经济学形成鲜明对比的是，行为经济学家一直对新古典经济学强调实证主义的方法持批评态度，尤其针对后者使用高度数学化的演绎分析。而且行为经济学重视跨学科社会科学。因为与新古典经济学不同，非经济类社会科学，尤其是心理学，相对来讲更加重视经验调查和归纳方法，所以行为经济学家有类似的举措并不奇怪。行为经济学家也有很大动机去使用经验方法，因为他们一直试图反驳新古典经济学的核心假设，比如，人类会像

理性的经济人一样行事吗？更一般地讲，正如本章将要指出的，行为经济学家正越来越多地使用各类经验研究，以使经济理论更具现实主义性。

经济学中的实验法

值得注意的是，早在新古典经济学和行为经济学出现之前，经济学是一门非实验的科学的观念根深蒂固。经济研究人员认为，受控实验法帮助不大。例如，在 1836 年，约翰·斯图亚特·穆勒指出，与物理科学不同的是，在经济学等道德科学中，“我们很少能对其进行实验”［引自 Guala (2005，p. 2)］。这是因为“无法通过控制关键经济变量并维持背景条件不变来检验单独操控每个因素的效果”（Guala，2010，p. 99）。 111
在穆勒（和许多其他经济学家）看来，这是经济学家采用自我反思和理论推理相结合的演绎方法来解释经济事件的主要原因。后来，莱昂内尔·罗宾斯和米尔顿·弗里德曼等著名经济学家继续对受控实验的作用提出怀疑（Guala，2005，p. 2）。甚至保罗·萨缪尔森都在他 1985 年的导论性文章中说：“经济学家……不能进行受控实验……［因此］像天文学家或气象学家一样，他们必须在很大程度上满足于观察”［引自 Branas-Garza and Barreda (2015，p. 1)］。这些对经济实验法的怀疑如今已在很大程度上淡去了。“经济学家每年进行数以百计的实验室实验，并程式化地在实验室［和其他地方］测试他们的理论”（Guala，2005，p. 3）。“实验现已成为［经济］专业工具箱中一件有效的解释性工具”（Branas-Garza and Barreda，2015，pp. 1－2；Eckel，2004，p. 21）。因此，在从 20 世纪 50 年代开始的几十年中，经济学从一门非实验性学科转变成为一门具有令人兴奋和重要的实验方法的学科（Guala，2010，p. 99）。行为经济学家尤其参与并受益于这一发展。

实验经济学的兴起

为什么科学家（和经济学家）要做实验？经济学家在本质上与任何其他科学家一样，都想检验他们的理论以及他们对原理的了解（Smith，2000，p. 5100）。他们想知道自己的概念框架是否与那些实验能实现的对经济行为的仔细观察相符。他们也想知道自己的理论在什么条件下与经验发现相符。实验方法可以帮助经济学家理解他们理论的局限性。如果实验结果与公认理论不符，就可能导致理论的重构和新理论的发展（p. 5100）。

弗农·史密斯被公认为实验经济学领域的奠基人，并因其贡献而获得了 2002 年诺贝尔经济学奖（Eckel，2004，p. 15）。史密斯早先认识
112 到的是，对经济学家的训练并没有使他们将经济学视为“一种理论与观察之间的相互作用至关重要的观察性科学”（Smith，1989，p. 151）。在史密斯看来，理论的作用不仅是解释重大事实；它也应该用于追踪观察结果并预测新的观察结果（p. 152）。我们所渴望的不仅是内部优雅或与权威相关的理论。我们需要的是对预测有用的理论。最好的理论是能够“缩小理论与观察结果之间的距离的”（p. 152）。

测试经济理论的一个重要方法是利用实验室实验。这涉及理论的“信息或其结局蕴含与实验观察”之间的对比（Smith，1994，pp. 113－114）：

> 每个实验室实验都由一个环境来定义，具体是指激励交换的初始禀赋、偏好和成本。这个环境通过用货币激励引导期望［参与者行为］来控制……实验也用一套制度来定义……市场交流的语言（出价、报价、接受），管理信息交换的规则，以及［关于制定］……合同的规则。这套制度由描述市场的信息和程序的实验说明定义……最后才是观察到的参与者在实验中的行为。（p. 113）

弗农·史密斯与实验经济学领域的其他人一起，通常使用实验室实验来理解市场如何运作。这些与市场相关的实验可以：1）探索理论失败的原因；2）建立经验规则作为新理论的基础；3）对比随着环境或制度的不同，实验结果是如何改变的；4）根据实验结果来评估政策建议；以及 5）审查新形式的交换下实验测试的含义（Smith，1994，pp. 113－116）。通常实验室市场实验包含测试有关主体行为的理论假设。由于其设计，实验室实验可能获得结论，这些结论表明市场参与者是否以经济学上的理性方式行事，和/或表明特定类型的市场过程是否有效。实验室实验也能洞悉市场参与者的行为是否偏离了狭隘的利己，反而表现出合作和为他人着想的行为。

实验室实验

有价值的实验室实验的关键在于实验控制。这需要控制一个变量的 113
变化，同时保持所有其他条件不变。例如，实验可能会保持所有背景（环境、制度）因素不变，同时改变关键理论变量以检验因果假设（Guala，2005，p. x）。如果实验设计是有效的，则背景因素将被控制。在这种情况下，实验将具有内部有效性，这意味着实验将允许对关于改变关键变量的效果进行有效推论。理想情况下，当实验室结果可以推广到现实世界时，实验也就具有了外部有效性（p. xi）。如果实验室实验可以反映现实世界的本质特征，那么后者将是正确的。

进行经济实验的一个重要目标是理解"正常"人在特定情况下如何行动（Branas-Garza and Barreda，2015，p. 5）。也就是说，实验应该帮助我们理解人们如何推理、学习、观察、更新他们的信仰，以及他们做这些事情所需要的时间（p. 6）。运行一个能得出可靠且有效结果的实验并非易事。这也是为什么实验者应遵循严格的方法论是至关重要的。多年来，经济学的实验主义者开发了多重标准来操作规程和实践，并且他们对如何进行实验也积累了经验。例如，这些研究者强烈认为 1）实验对象应该匿名；2）实验对象不应被欺骗；3）实验对象应获得货币激励以做出真正符合自身利益的选择；4）实验对象被问到的应是具体问题；5）实验设计要公正且清楚，以便给我们一些启示；6）实验应该能够复制（pp. 5－14）。弗农·史密斯的几个早期实验为这些方法提供了良好示例。在他 1962 年和 1964 年发表的实验研究中，“他指出，当（卖方和买方）标价和询价的信息公开，且行为主体能在市场上反复互动时，价格和数量都会快速收敛至均衡”（p. 4）。

实验经济学与行为经济学的比较

114 尽管多年来很多行为经济学家已逐渐使用实验经济学家开创的方法，实验经济学（experimental economics，EE）与行为经济学之间的差异也是值得注意的。一方面，实验经济学主要是指一种调查方法。另一方面，行为经济学是一个涉及经济理论修正的方案，尤其是用更现实的心理模型来替代经济人。行为经济学家大量使用实验，但这绝不是他们的根据的唯一来源（Guala，2010，p. 104）。值得注意的是，实验经济学和行为经济学在很多方面都是相互矛盾的。“实验经济学家［经常］进行与行为、决策研究者和行为经济学家相同的实验，但是带着不同的目的”（p. 165）。实验经济学具有比行为经济学更实际、更少理论化的方向，而且实验经济学更多关注市场行为、更少关注个人行为。作为他的实验方法的一个例子，“史密斯强调，市场需要时间才能达到均衡，并认为应该用实验来研究哪些因素决定了市场随着时间的推移会将经济推向哪种均衡”（Heukelom，2014，p. 135）。根据史密斯的说法，实验经济学比行为经济学更少地关注个人市场参与者的理性程度。史密斯之所以持有这个观点，一个原因是他认为“人们可能有很充分的理由偏离［理性］公理”（p. 136）。史密斯认为对理性的偏离“不成问题，因为随着时间的推移，市场会纠正这些错误”（p. 136）。此外，史密斯认为，重点应放在影响个人行为的市场环境上（p. 137）：

> 换句话说，实验经济学和行为经济学两者是密切相关的，但在本质上是不同的。它们密切相关是因为它们使用同一组心理实验来提出改变在经济学中占主导地位的新古典理论。此外，虽然提问不同，但它们基本上做着相同的实验。然而，它们从实验结果中得出的结论在本质上是不同的……在它们想要扩展新古典理论的方面，在它们认为新古典理论仍然有价值的方面。（Heukelom，2014，p. 168）

还应该注意到，史密斯的实验经济学与起源于卡尼曼和特沃斯基的行为经济学代表了对立的政治谱系（p. 164）。一方面，实验经济学的 *115*
研究倾向于支持市场运作良好且随着时间的推移与新古典经济学的预测趋同的保守的观点。另一方面，行为经济学的研究倾向于支持自由主义的观点，批评个体理性的观念，也批评市场的运行方式（pp. 164 - 165）。

超越实验室实验：行为经济学家的经验方法

近年来尤其如此，行为经济学家在经验方法上已从实验经济学家中脱颖而出。行为经济学家如今不只使用实验室实验；他们也在使用各种经验方法（Angner and Loewenstein，2007，p. 38）。与实验经济学家形成对比的是，他们在利用来自各种学科的很多非经济学的证据。行为经济学家也没有将个人选择的证据当成唯一的合理证据（p. 38）。与实验经济学家相比，行为经济学家是方法论的折中学派，即不根据所使用的研究方法来定义自己。虽然行为经济学家遵循实验经济学家的方法屡见不鲜，但他们并非“始终认可实验经济学家的所有方法论处方”（p. 39）。“最近的行为经济学依赖于越来越多样且精深的方法组合，反映了其跨学科传统”（p. 39）。

考虑一下行为经济学家使用的一些非实验方法。首先是使用“现场”收集的数据进行的实地研究（Angner Loewenstein，2007，p. 43）。有一种实地研究使用通常由调查问卷收集的调查数据。例如，这些调查不仅可以问人们他们做了什么或在某种情况下会做什么，也会问他们的动机（会）是什么。这种“调查很直接，且通常能产生有价值的洞见”（Chaudhuri，2009，p. 8）。然而，这种方法也有缺陷。问题在于有时候人们对调查问题的回答并不是完全准确或真实的。换句话说，他们的回答并不总是与他们的实际行为或动机相联系（p. 8）。另一种实地研究方法需要使用各种现场数据。例如，在一项对纽约市出租车司机的劳动力供给的研究中，一个重要的数据来源是“行程表”——“司机记录乘
116 客上下车时间的表格”，以及从出租车计价器上的车费金额处获得数据（Angner and Loewenstein，2007，p. 43）。应该注意的是，进行实地研究的一个重要原因是对实验室实验的外部有效性的担忧。在很多情况下，有充分的理由认为人们在实验室中可能做出与在现实世界中不同的决策（p. 44）。对于诸如出租车司机每天工作多久或多努力的问题尤其如此。当然，观察性实地研究的问题之一是，研究人员可能很难在对重要变量缺乏任何控制的情况下，得出对因果关系的有效推论（p. 44）。

由于这些对内部和外部有效性的担忧，一些行为经济学家一直试图使用自然实验进行研究，即可能观察到事件中的关键变化（外生变化）对变量的因果作用的情况。这种研究的一个例子包括“检验有公司赞助的储蓄计划的默认项和其他特性的改变对员工储蓄行为的影响”（Angner and Loewenstein，2007，p. 45）。在这样的研究中，可以观察到工人在计划改变前后的储蓄行为，并推断计划改变是其原因。有时自然界的实际变化（洪水、地震等）可能是唯一改变的重要变量，从而使研究人员能够将这种情况视为一种准实验并据此得出结论。

近年来，行为经济学家开始使用实地实验；现在它们是经验研究中增长最快的类别。“实地实验占据了实验室实验和［自然实验］之间一块重要的中间地带……大多数实地实验背后的基本思想都是利用外界的随机性来捕捉真实世界的重要特征”（List and Reiley，2010，p. 151）。“与常用于医学研究的方法类似，人们被随机分配来接受不同的治疗……

包括一个不接受治疗的对照组”（Thaler，2015，p. 338）。实地实验具有外部有效性，因为它们在与真实世界的条件非常相似或相同的情景下进行。它们也具有很高的内部有效性，因为测试和对照组是随机分配的，使因果结论相对容易得出（Angner and Loewenstein，2007，p. 45）。这就是为什么经济学家将这种实地实验称为经验调查研究的黄金标准。一个比较简单的实地实验的例子是，“［一家公司］员工的随机样本［是］……参加有关储蓄的信息发布会便可获得 20 美元的报酬。实验结果是，受到货币诱导的人……储蓄计划的参与率明显更高”（p. 45）。 117
虽然实地实验可以很有价值，但应该注意的是，实地实验也具有多种隐患。通常来讲，“这样的实验成本高昂，而且很多东西都可能会出错”（Thaler，2015，p. 340）。与实验室实验不同，实验设立阶段可能遇到的问题难以发现，并且实验者通常不能亲自到场处理在实验过程中出现的困难（p. 340）。

理查德·塞勒和卡斯·桑斯坦等行为经济学家坚信将行为的洞察力应用于改善公共政策的过程中十分重要，他们也认为这些政策必须以证据为基础。因此，他们主张所有政府干预都应进行测试，即基于可靠的经验研究。这个测试应该尽可能是使用随机控制试验的实地研究（Thaler，2015，p. 338）。约翰·李斯特和大卫·赖利（List and Reiley，2010，p. 155）指出：

> 相信实地实验的普及度将继续增长……这个增长将带来富有成效的理论和经验途径，然而，很显然，不管受欢迎程度如何提高，各种经验方法都应被视为强有力的补充，而且每种方法的见解结合起来，将使经济学家对我们的科学性有更深入的理解。

参考文献

Angner，Erik and Loewenstein，George. 2012. “Behavioral Economics”（January 14，2007），in Uskali Maki（ed）*Handbook of the Philosophy of Science*：*Philos-*

ophy of Economics. Amsterdam: Elsevier, pp. 641 – 690. Available at SSRN.

Branas-Garza, Pablo and Barreda, Ivan. 2015. "Experiments in Economics," in Branas-Garza, Pablo and Cabrales, Antonio (eds) *Experimental Economics, Volume 1: Economic Decisions*. New York: Palgrave Macmillan, pp. 1 – 16.

Chaudhuri, Ananish. 2009. *Experiments in Economics: Playing Fair with Money*. New York: Routledge.

Eckel, Catherine C. 2004. "Vernon Smith: Economics as a Laboratory Science," *Journal of Socio-Economics*, 33, 15 – 28.

Guala, Francesco. 2005. *The Methodology of Experimental Economics*. Cambridge: Cambridge University Press.

Guala, Francesco. 2010. "Experimental Economics, History of," in Durlauf, Steven N. and Blume, Lawrence E. (eds) *Behavioural and Experimental Economics*. New York: Palgrave Macmillan, pp. 99 – 106.

Heukelom, Floris. 2014. *Behavioral Economics: A History*. New York: Cambridge University Press.

List, John and Reiley, David. 2010. "Field Experiments," in Durlauf, Steven N. and Blume, Lawrence E. (eds) *Behavioural and Experimental Economics*. New York: Palgrave Macmillan, 151 – 156.

Smith, Vernon L. 1989. "Theory, Experiment and Economics," *Journal of Economic Perspectives*, 3 (1), Winter, 151 – 169.

Smith, Vernon L. 1994. "Economics in the Laboratory," *Journal of Economic Perspectives*, 8 (1), Winter, 113 – 131.

Smith, Vernon L. 2000. "Experimental Economics," in *International Encyclopedia of the Social and Behavioral Sciences*, 5100 – 5108.

Thaler, Richard H. 2015. *Misbehaving: The Making of Behavioral Economics*. New York: Norton.

第11章 主流经济学家对行为经济学的态度是开明还是抵制呢?

主流经济学家的开放思想

面对新的观点，我们能否期待学者们思想开放地考虑它们？在一个 119
理想世界里，做研究的学者们在考虑与他们珍视的理论和观点大相径庭的研究发现时，应该保持完全开放的思想。也就是说，经过对新研究发现的仔细而彻底的检验和思考，以及更长时间的深思，思想开放的学者会采用新的理论和观点，并抛弃他们之前真爱的。唉，世界并不是理想的。就大多数主流经济学家如何回应行为经济学对他们理论和价值观的挑战而言，尤其如此。主流经济学家极力抵制行为经济学提出的挑战。马修·拉宾和理查德·塞勒特别写到了这一点。根据拉宾（Rabin，2002，p. 659）的说法，“期刊编辑、研究生导师和研讨会观众为了阐明为什么不该做［行为经济学］研究而花费了太多的时间和精力。”而且据塞勒（Thaler，2016，p. 1）所说，“经济学的行为方法在行业内遇到了相当大的抵制。”当然，值得注意的是，拉宾和塞勒都承认近年来针对行为经济学的抵制已大幅下降。让我们进一步思考他们的想法和观察。

主流经济学家对行为经济学的抵制可以像库恩那样，解释成一种与新范式的出现相关的现象。正如库恩（Kuhn，1970）所解释的那样，新的竞争范式将被那些沉浸并致力于主流范式的研究人员强烈抵制。然而，值得注意的是，塞勒和拉宾都不认为行为经济学是一种新的科学范式。在塞勒看来，将行为经济学的出现视为范式转变是对经济思想史的
120 误读。塞勒认为（Thaler，2016，p. 1），“更准确地说，行为经济学的方法论将经济思想的方式带回到了从亚当·斯密开始直到20世纪30年代的欧文·费雪和约翰·梅纳德·凯恩斯时代。”拉宾（Rabin，2002，p. 659）同样指出，行为经济学“不是［新古典经济学］研究的替代品，而是这个研究项目的自然延续。”尽管塞勒和拉宾的观点如此，但主流经济学家回应行为经济学的方式似乎确实表明行为经济学的崛起与类似范式变化这样的事物有关。主流经济学家对行为经济学的反应通常是戒备的、可能带有威胁性的。他们通常没有反应，似乎引起他们注意的行为经济学仅仅是另一个事实或理论。当然，应该注意到的是，由于行为经济学取得了进步，获得了很多支持者，证明了它的重要性，并获得了显著的认可，更多经济学家对它变得开放起来。

主流经济学家如何反应：捍卫理性假设

主流经济学家回应行为经济学的一种方式是捍卫主流经济学的核心假设，尤其是理性行为假设。也许最著名且最有效的为理性的辩护是米尔顿·弗里德曼（Friedman，1953）提出的。“他认为评估理论不应根据其假设的有效性，而应根据其预测的准确性。他指出，一名专业的台

球选手可能并不知道物理定律，但是，他击球时却似乎知道这些规律”(Thaler，1996，pp. 227－228)。专业水平的选手用眼睛和良好的协调击球时，就好像他知道能确定最优进球路线的复杂数学公式。因此，类似地，弗里德曼认为，称职的企业主可能不知道如何计算边际成本和收入以实现利润最大化，但仍会凭借其优秀的直觉做出非常接近可以实现利润最大化的决策（Thaler，2016，pp. 3－4)。弗里德曼的论点成功地结束了对理性假设现实意义的辩论。但是，弗里德曼的似是而非的观点是有问题的。“首先，弗里德曼选择专业台球选手来讨论并非偶然。许多活动中专业人士的行为确实可以很好地用假设最优行为的模型来描述。但是，非专业人士呢?”（p. 4)。经济理论应该是关于所有经济参 121
与者行为的理论，而不仅是关于专业人士的理论。

与上述理性决策相关的另一个考虑因素是一件事情的难度。在决定为下一周的家庭早餐购买多少鸡蛋等相对容易的事情中，经济主体可能很接近效用（或利润）最大化。对于购买鸡蛋或牛奶等事情，你可能通过反复试错学习而掌握。毕竟如果你买得太多就会变质，买得太少又要再去商店（p. 6)。然而，人们在确定存多少退休金合适（当然不是最大化）时却不太可能做得这样好（p. 3)。这是因为没有机会反复试错。这在很大程度上也适用于购买汽车或房屋、选择职业或选择配偶(p. 6)。与经常重复的事情不同，后者不常做，而且包含很多不确定性和困难。当一件事情很有难度时，即便专业人士也无法使其最大化（p. 4)。

对理性假设的第二种辩护是“承认我们并不是做所有事情都像专业人士一样，但是，认为如果我们的错误随机分布且均值为零，那么，它们会在加总时抵消，使模型的预测平均起来是无偏的”(Thaler，2016，p. 4)。这个观点被卡尼曼和特沃斯基的研究所反驳，他们认为人类做出的判断和决策有系统性的可预测的偏见，因此，即便是平均起来也是非理性的。对理性假设的第三种辩护包含的想法是，一开始不理性行事的人会通过学习而进行更理性的选择。遗憾的是，很多实验证据显示这个想法值得怀疑。一般来说，心理学家认为，“在存在有用且即时的反馈时，学习才会发生…… ［而且］即使在非常简单的环境中，学习也可以很困难”（p. 7）。

第四个支持主流经济学应该保留最大化假设的论点仅仅是非理性会自我挫败。有人认为，选择不完全理性方式的人最终会败给完全理性行事的人。要么这是因为长期的进化过程，要么是因为理性主体的市场表现会更优，使他们能获得更高的收入和财富（Thaler，1996，pp. 228－
122 229）。正如塞勒指出的那样，这个论点的问题在于，无论是在原始社会还是现代市场的压力下，都不大可能或多或少地导致人们依赖于是否采取严格的最优化行为生存。

主流经济学家如何回应：批评有效的行为经济学信条

行为经济学家无可否认地将经济学与来自心理学等领域的许多行为发现融合在了一起，这使他们更多地理解了人类行为如何系统性地偏离主流经济学的核心假设。据拉宾（Rabin，2002，p. 658）所说，这是由于产生的偏离成为“根本上的和显然的好经济学”。然而，主流经济学家经常对他们注意到的这些行为经济学命题（以及它们的证据）做出非常消极的反应。本质上，主流经济学家普遍认同新古典经济学，并据此假设百分之百的利己、百分之百的理性和百分之百的自我控制。主流经济学也会做许多辅助假设，通常用于特定模型。此外，愈发明显的是，其核心假设和许多辅助假设并不被经济上相关的行为证据所支持（p. 658）。拉宾观察到，主流经济学家注意到这些研究发现时，他们抗拒的言语回应一般可归为几种典型模式。

拉宾从抵制更强的心理现实主义的经济学家那里听到的第一个反对意见是：“我们不能考虑所有可替代方案。”换句话说，这些“经济学家担心，如果我们允许新的假设，研究人员就可能出来假设任何事情”（Rabin，2002，p. 675）。经济学家显然担心，行为经济学家对经济学的泛化“会使它变成一个在假设上无规矩的非规范学科”（p. 676）。在拉宾看来，主流的这点抱怨可能有可取之处，但是，主要还是误导。他的确承认，有时候实际的人类行为的复杂程度确实需要更广泛的假设，但是，这并不意味着行为经济学家会胡乱地提出各种新的假设（p. 676）。

主流经济学家第二个常见的反对意见是：“那个假设不在我们的研 123
究生微观经济学课本中；因此，它是你们随意虚构的假设”（Rabin，2002，p. 676）。据拉宾所说，虽然所提到的假设可能不属于经济学研究生教育，但是，它很可能包含在研究生心理学课程中，甚至可能在读研究生之前就学过。主流经济学家不应因上述原因而拒绝行为假设。他们应该仔细地检验这个假设，以确定它在行为上是真是假，并且只要它是真的就要使用（p. 676）。

主流经济学家的第三个反对意见是：“托马斯·库恩说，我们不应该‘打破常规’……直到常规被彻底粉碎”（Rabin，2002，p. 677）。换句话说，这个说法主张不试图在经济学中做出特别细小的行为改进，直至整个新古典经济学范式被证明是完全错误的且被取代。一方面，这样的建议很难遵循，因为它意味着在科学革命完全发生之前，我们不能有任何进步。另一方面，拉宾倡导改变行为，即使是非常小的改变，只要它们在行为上是正确的。

主流经济学家的第四个反对意见是第三个反对意见的变体。即：“没有坏就不要修”（Rabin，2002，p. 677）。它源于担心改善经济学的努力，可能最终会把事情变得更糟。如果没有明显的问题，为什么要冒这个险呢？根据拉宾的说法，“通过列举正在被质疑的标准假设不是百分之百错误而怀疑行为假设是不合逻辑的。正确的问题是：标准的［新古典经济学］假设是不是百分之百正确，以及其缺陷是否足够可识别、足够系统化、足够重要以至经济学家应该研究它们?”（p. 677）

第五个也是最后一个主流反对意见是：“市场会清除（任何陌生的心理现象）”（Rabin，2002，p. 678）。这意味着经济学家不应该引入不熟悉的新行为假设，因为这些行为预计不会在市场中长期存在。在拉宾看来，这种“清除论点”是典型的逻辑错误，是糟糕的经济学（p. 678）。他认为不顾市场中发生了什么就忽视真实的心理现象是不明智的。

结　论

124　直到最近，主流经济学家还在抵制偏离百分之百利己、百分之百理性、百分之百自我控制的新行为假设，而且这样做是基于经济学上有瑕疵的论据（Rabin，2002，p. 685）。他们同样也抵制经济学的心理现实主义的改善（p. 685）。但是，随着经济学家们逐渐认识到，相较于对经济学的损害，心理现实主义能改善得更大，这样的辩护性争论也在减少。最终结果是：“经济学家越来越少地使用糟糕的经济学来消除好的心理学的意义，并越来越多地使用好的经济学来吸收好的心理学的经验”（p. 685）。塞勒（Thaler，2016，p. 19）希望对行为现实主义经济学越来越高的接受程度，预示着经济学家正将注意力转向研究人类，而不是经济人。

参考文献

Friedman，Milton. 1953. “The Methodology of Positive Economics，” in Friedman，Milton. *Essays on Positive Economics*. Chicago：University of Chicago Press，3 - 34.

Kuhn，Thomas. 1970. *The Structure of Scientific Revolutions*，2nd Edition. Chicago：University of Chicago Press.

Rabin，Matthew. 2002. “A Perspective on Psychology and Economics，” *European Economic Review*，46，657 - 685.

Thaler，Richard H. 1996. “Doing Economics without *Homo Economicus*，” in Medema，Steven G. and Samuels，Warren J.（eds）*Foundations of Research in*

Economics: How Do Economists Do Economics? Cheltenham, UK and Brookfield, VT: Edward Elgar Publishing, pp. 227 – 337.

Thaler, Richard H. 2016. "Behavioral Economics: Past, Present, and Future," May 27. Available at SSRN: https://ssrn.com/abstract= 2790606.

第12章　神经经济学

神经经济学的本质

125　神经经济学这门学科出现于2000年左右，它融合了经济学、心理学和神经科学的理论。这一新领域闻名于使用神经科学测量技术来理解人类大脑的功能，尤其是在决策环境中的功能。这迈出了重要的一步，因为经济学家在他们的推理中一直将大脑看作“黑箱”（Coricelli and Nagel，2015，p. 135）。利用神经科学的脑成像技术和其他技术，神经经济学家已经能够获得关于人类大脑如何运作以及其与人类经济行为之间的关系的重要见解。凯默勒认为（Camerer，2008，p. 416）：

神经经济学的长期目标是创立一种在神经上详细、数学上准确、行为上相关的经济选择与交换理论。这将需要神经科学家和经济学家的合作，其他领域包括计算机科学和心理学的融入也将大有助益。

神经经济学的研究技术

神经经济学使用了多种神经科学的测量技术来识别与经济决策相关的神经基础，从而发现人类选择行为的直接原因（Zak，2004，p. 1737）。这些神经科学方法包括单神经元记录、功能性磁共振成像（fMRI）、经颅磁刺激（TMS）、脑损伤患者的损伤研究、正电子发射断层扫描（PET）、脑电图（EEG）、事件相关电位（ERP），以及对血液、尿液或脊髓液的生物测定（p. 1739；Coricelli and Nagel，2015，p. 136）。fMRI 和 PET 的成像都是基于测量大脑不同区域的血流量。不同区域的血流情况反映了大脑活动，特别是该区域的神经元兴奋率。“当神经元兴奋时，它们将消耗葡萄糖和氧气，因此，需要增加血液流 126
速来保证这些物质的供给。［因此］流向神经元的血液与神经元兴奋率是大致呈比例的”（Zak，2004，p. 1739）。PET 成像是通过计算机测量大脑各区域的血流量，以获得关于神经活动的间接测量。fMRI 的工作原理虽然不同，但也能产生与血流相关的信号来间接测量神经活动。当神经元的兴奋耗尽氧气并增加对含氧血的需求时，fMRI 过程通过使用一个非常强大的磁铁精确计算出含氧血与去氧血相对量，并对之加以利用，由 fMRI 里的计算机算法构建出神经活动的三维图像（p. 1739）。fMRI 和 PET 成像技术在大多数开展于人类身上的神经经济学研究中应用广泛（p. 1739）。功能性磁共振成像尤为重要；在获取人类认知过程的图景中，它的使用呈指数增长。这种快速增长是因为功能性磁共振成像广泛可用、安全，并能提供视觉上引人注目的图像，即通过“亮起来”显示被激活的大脑区域（Glimcher and Fehr，2013，p. xxii）。

脑功能的基本要素

基于以上所述，我们可以很容易得出结论：使用成像技术的大脑研究的目的是了解“大脑中发生事情的定位”以及人类行为与大脑区域活动的关联（Camerer，Loewenstein，and Prelec，2004，p. 8）。然而，应该注意的是，神经经济学的长期目标并不仅仅是绘制大脑地图。了解大脑不同部分的相互作用是如何使得人类能解决不同类型的问题，并做出不同类型的决策，也是它的目标（p. 8）。为了充分理解大脑（或神经）的功能，有必要进行两种区分。第一种区分方式是，分为自动的与受控的处理过程（p. 10）。在本书的第 4 章中，这两种处理类型被称为自动系统（或系统 1）与反射系统（或系统 2）决策过程。一方面，自动过程相对来说是不费力气的、快速、直观、自发，且意识无法接近（p. 11）。另一方面，受控过程则相反；它们相对缓慢、灵活、合乎逻
127 辑，且是经过深思熟虑的。“自动和受控过程可以通过它们在大脑中的位置来大致区分”（p. 11）。受控过程位于大脑皮层（大脑的较高区域）的前部（或前额部）。前额叶皮层（prefrontal cortex）被称为“执行区域，因为它从其他几乎所有的区域获取信息，整合出近期和长期目标，并计划将这些目标考虑在内的行动”（p. 12）。而自动过程大多发生在大脑皮层下方的中脑区域。这个区域被称为边缘系统（limbic system）。它的一个重要结构是杏仁核（amygdala），它负责大脑许多重要的自动反应。

第二个重要的大脑功能的区分是，大脑的认知过程和情感（或情绪）过程之间的区别。一方面，大脑的认知过程与思维、学习和理解活动有关。认知过程需要投入努力来理解关于世界的表述的真实性或虚假性。另一方面，情感过程与感觉有关。人类存在积极和消极的情感，并或多或少体验过强烈的情绪（Camerer，Loewenstein，and Prelec，

2004，p. 13)。正是我们的情感激励我们采取行动。例如，愤怒会促使我们变得好斗，恐惧会促使我们逃避或停滞（p. 13)。请注意，术语“情感”还包括“驱动状态（drive state)，如饥饿、口渴和性欲，以及其他动机状态，如身体疼痛、不适（如恶心）和药物渴求”（p. 13)。

大脑处理的第一对二分类型——自动和受控，以及第二对二分类型——认知和情感，定义了四个象限，对应于四种类型的大脑行为。象限1涵盖了受控及认知的大脑处理过程。象限4涵盖了自动及情感的大脑处理过程。大部分的大脑行为位于象限1和象限4，它要么是受控及认知的，要么是自动及情感的。象限2（受控和情感）的组合很少出现，象限3（自动和认知）不像象限1和象限4那么普遍，意义也不那么显著。因此，为了建模的实用性和经济性目的，可以合理地认为，“典型的认知是受控的，而情感是自动的。”即大脑处理过程本质上只有两种类型，而不是四种（Camerer，Loewenstein，and Prelec，2004，p. 14)。[①]

另一种理解大脑工作的方法是使用两系统法——热系统（hot system）与冷系统（cool system)（Metcalfe and Mischel，1999)。冷热系统法与四象限法是重叠的，冷状态类似于认知/受控的大脑加工模式，热状态类似于情绪/自动的大脑加工模式。在第5章中我们结合一个人 128
的情绪如何影响他的决策，解释了冷热系统的本质。热系统与以下特征相关：情绪化、简单、快速，并因压力而更加突出。与冷系统相关的特征是：认知、复杂、缓慢、因压力而被削弱、自我控制的（p. 4)。冷热系统本质上是关于自我控制和自我调节的。更具体地说，它们是关于“[一个人] 抑制会使他违背其承诺并妨碍完成其最好意图的冲动反应的能力”（p. 3)。当我们冷热系统的工作能实现良好平衡时，我们有能力抑制我们对诱惑的反应，做到延迟满足。理想情况下，冷热系统能使一个人在很长一段时期内进行自我约束。在这样做时，这些系统需要战略性地调动思想、情感和协调行动，使一个人能够以协调的方式行动，并

① 应该注意的是，还是有大量的认知过程是自动进行的，例如，语言处理。

对潜存问题的情境保持掌控（p. 4）。在第 5 章中，男性大学生的性唤起被用作热状态的一个例子，并发现这严重影响了他们的态度和决策倾向。在这样一个热状态下，这些年轻人似乎失去了自我控制的能力。但是，在他们更典型的冷静的状态下，这些年轻人表现得很合理，而且是自我控制的。

为了充分认识到两系统法的重要性，将它放在人类发展的背景下考虑是很重要的。随着人类沿着各种路径发展得越来越成熟，他们的冷热系统的相对重要性发生了变化。“热系统发展得较早，而冷系统发展得较晚。因此，在生命的最初几年，热系统已经开始运转，而冷系统基本上仍未开发”（Metcalfe and Mischel，1999，p. 8）。当一个小孩被要求在现在的一块曲奇饼干和明天的两块曲奇饼干之间做出选择时，小孩通常没有能力等到明天，也就是说，这个小孩没有能力延迟满足。这表明，与热系统相比，小孩子们的冷系统没有得到很好的发展。然而，随着孩子年龄的增长，他的冷系统逐渐发展起来，并且有一个“主导地位从热系统到冷系统的转移”（p. 8）。这种对发展的理解与生物上的证据是一致的，“杏仁核（大脑热系统的一部分）在出生之时就已经在起作用，而海马体和额叶结构［与大脑冷系统相关］……只有在出生后很久才会完全成熟”（p. 8）。冷热系统主导地位的改变也与这样一种观点一
129 致，即某些更高层次的发展需要很长时间，有些人甚至可能永远开发不出来，比如情感智力（情商）要素（p. 16）。

影响冷热系统运行的另一个重要因素是压力。压力对这两个系统的影响是非常不同的。对于热系统，越大的压力会使它对人决策的影响达到非常高的水平。然而，对于冷系统，压力的增加一开始会提高这个系统的表现，就像是发生唤醒。“然而，随着压力水平的不断提高，冷系统功能变得越来越失调，热系统从而主导处理过程”（Metcalfe and Mischel，1999，p. 8）。从人类精神表现的角度来看，这是说得通的。“在低水平的压力下，尽可能多地吸收信息，并以中性的方式储存起来，以备日后记忆和使用，这是对机体有利的。这保证了复杂思考、计划和

记忆的进行”（p. 8）。然而，在高度的压力下，特别是当一个人的生命可能受到威胁时，对刺激的极快速反应至关重要，而不是小心、缓慢、复杂的思考和计划（p. 8）。

一段重要的历史

为了从历史的角度来看神经经济学，让我们看一个发生在 1848 年佛蒙特州（美国）的特别有趣的事情。这是一个关于菲尼亚斯·盖奇（Phineas Gage）的案件，他是一名 25 岁的建筑工头，负责管理一群当时在佛蒙特州修建铁路的工人（Damasio，1994，pp. 3－19）。为了修铁路，有时需要用炸药炸掉铁路沿线的石头。一天下午，发生了一起严重的事故；爆炸没有把石头炸掉，而是在盖奇的脸前过早地爆炸了。这导致一根铁棒刺穿了他的头骨，铁棒穿过他的大脑前部，然后从他的头顶高速离开。令人惊讶的是，盖奇的身体仅仅在两个月内就从事故中恢复了，但人们很快发现，他的精神状况急剧恶化。此前，盖奇一直被公认为他的公司雇用的“最有效率和能力的人”（p. 4）。盖奇的医生说：“可以说，他的理智能力和动物性倾向之间的平衡已经被破坏了”（p. 8）。他在精神上变得激进；认识他的人都说“盖奇不再是原来那个盖奇了”（p. 8）。盖奇失去了“大脑中的某些东西，［这些东西］与人 130
类独特的特性相关，其中包括预测未来和做出相应计划的能力……对自己和他人的责任感，以及特意地协调组织自己生存的能力”（p. 10）。“事故发生后，他不再表现出对社会习俗的尊重”，他通常表现得不道德（p. 11）。然而，尽管盖奇的性格出现了问题，但他的注意力、知觉、记忆、语言和智力都完好无损。

对这个不幸事件的理解

脑科学的学生能从发生在盖奇大脑上的事情中学到什么呢？在这个案例发生的年代，脑科学领域的专家还很少。其中，一些人认为大脑功能无法追溯到特定的大脑区域。另一些人认为，“大脑确实有专门的分区，这些分区产生了独立的大脑功能”（Damasio，1994，p. 12）。后者之一是英国生理学家大卫·费里厄（David Ferrier），他对盖奇的调查结果进行了出色的分析。“他的结论是，伤口绕过了运动和语言‘中心’，而是伤害了……前额叶皮层，盖奇性格的特殊变化可能与这种损伤有关”（p. 14）。这个研究结果是那个时候的脑科学所能做到的极致。自 20 世纪 90 年代，“安东尼奥·达马西奥（Antonio Damasio）、安托万·贝哈拉（Antoine Bechara）和他们的同事开始对脑损伤后的决策障碍进行系统研究”（Glimcher and Fehr，2014，p. xxii）。这些研究人员利用保存下来的盖奇头骨，发现穿过盖奇大脑的铁棒“没有触及运动功能或语言所必需的大脑区域”（p. 32）。他们还发现，其他大脑区域本是完好无损的。因此，在这些研究人员看来，盖奇能力受损仅仅是由于前额叶皮层的伤害。

除了盖奇事件和相关的大脑研究，科学家现在了解到有多种大脑损伤［慢性精神疾病（如，精神分裂症）、发育障碍（如，自闭症）、神经系统退化性疾病、事故和中风会损伤局部大脑区域（Camerer，Loewenstein，and Prelec，2004，p. 7］。这些不同类型的脑损伤如何帮助我们形成一个对大脑功能的清晰理解？“当已知［大脑］某 X 区受到了伤害的病人在做某一特定任务时，表现得比‘正常’病人差，而做其他任务时却表现得一样好，那么，人们可以推断 X 区就是被用来完成该特
131 定任务的”（p. 7）。基于历史证据和逻辑推理，现在很清楚盖奇严重受损的社会和个人决策是由于他在事故中受伤的前额叶皮层造成的。达马

西奥及其同事的研究令人信服地解释了盖奇和其他类似的脑损伤患者的不良行为不是由于缺乏知识或智力。决策受损是因为盖奇及其他遭受类似伤害的人无法将他们的情感体验与认知功能结合起来。①

增强对大脑功能的理解

对脑损伤的研究，如上面提到的，无疑对提供人类大脑功能的早期基本洞察非常重要。然而，要更好地理解大脑功能的多个方面，特别是经济决策，就需要"开发非侵入性地对人类大脑活动进行成像的方法"（Glimcher and Fehr，2014，p. xxii）。前面提到的功能性磁共振成像技术的使用就是一个主要的例子。当被试者参与认知任务时，获得人类大脑活动的直接图像已经成为可能。使用脑成像的实验通常"包括对执行不同任务的人进行比较——一个'实验'组和一个'控制'组。在被试者执行这两项任务时大脑成像之间的区别"使研究人员能够获得"被实验任务分别激活的大脑不同区域的图像"（Camerer，Loewenstein，and Prelec，2004，p. 4）。这些图像使研究人员能够推断大脑不同区域在不同类型的认知活动中扮演的角色。

神经经济学研究的例证

神经经济学研究的一个有趣而重要的早期例子，出现在题为《最后通牒博弈中经济决策的神经基础》（The Neural Basis of Economic Decision-Making in the Ultimatum Game）的文章中（Sanfey et al.，2003）。（最后通牒博弈在第 5 章中有详细描述。）作者分析了参与最后通牒博弈的人的决定。在初步分析后，研究人员使用 fMRI 大脑成像来

① 正如脑科学家发现的，前额叶皮层有一部分是情绪和认知的交叉区域。当这一部分受损时，就会发生盖奇经历过的那种精神困难（Coricelli and Nagel，2015，p. 141）。

解释受试者是如何做出选择的。你可能还记得，在最后通牒博弈中，提
132 议者会得到一笔钱，并在他自己和回应者之间进行分配。提议者可以表现得慷慨、公平，并相应地将总额分成 50—50，或者她可以采取不平等、不公平的比例，例如 80—20。在金额分配不平等、不公平的情况下，回应者可以决定拒绝提议者的提议。在这种情况下，提议者和回应者都会毫无所获。

通过功能性磁共振成像检视回应者的决策过程，我们可以了解大脑功能的哪些方面？先来考虑回应者的决定与动机。一方面，回应者想要尽可能多的钱，在这个动机下希望做出明智的选择。另一方面，假设回应者希望得到公平的对待；他不想被占便宜。因此，这是多种动机的混合：经济理性和一种社会动机。许多最后通牒实验的结果表明，回应者常常对低水平的、不公平的提议非常不满，并最终拒绝它们。从严格的经济理性角度来看，回应者拒绝这样的提议是不合理的，因为这样回应者是选择了一个较低的支付。也许这种情况下，回应者是在恼怒于提议者的行为。回应者显然不仅关注公平，还想报复他们认为不公平的混蛋，他们想确保这些人受到惩罚。

在使用 fMRI 时，桑菲和他的同事们把重点放在收到不公平提议的回应者的大脑活动上。回应者通常会经历认知（接受）动机和情感（拒绝）动机之间的矛盾。实验中的回应者对于所有公平的提议都接受了，而越不公平的提议，他们就越是拒绝。作者“假设不公平的提议会涉及情绪和认知过程的神经结构，这些结构的激活程度可能会解释随后决定的差异，即接受或拒绝这些提议”（Sanfey et al.，2003，p. 1756）。对于拒绝提议的实验，其结果是，回应者的前脑岛（anterior insula）、前额叶皮层（背外侧部分）（dorsolateral part of prefrontal cortex）和前扣带皮层（anterior cingulate cortex）有高度的激活。“前脑岛的激活一直可见于疼痛、痛苦、饥饿和口渴的神经影像学研究中……这个区域也牵涉情感的研究；特别是……消极的情绪状态……［尤其是］愤怒和厌
133 恶”（p. 1756）。此外，“对不公平的提议前脑岛有更强激活”的受试

者，“拒绝这些提议的比例更高”（p. 1757）。前额叶皮层的激活显然与认知任务需求有关，即思考如何实现尽可能多地积累金钱的目标。因此，实验证据与假设一致，最后通牒博弈的回应者的行为不仅仅是追求财富最大化；他们的情绪，特别是那些与公平相关的情绪，是强烈而有影响力的。因此，从大脑边缘系统不同区域和前额叶皮层中产生的情绪对人类决策的影响是非常重要且可以理解的。

神经经济学研究的另一个重要例子是布莱恩·克努特森（Brian Knutson）和他的合著者于2007年在《神经元》（*Neuron*）杂志上发表的文章。这篇文章的题目是《购买预测的神经性指标》（Neural Predictors of Purchases）；它调查了人们在做出购买决定时会考虑的关键因素（Knutson et al.，2007）。根据主流微观经济学理论，一个人购买商品的决定是基于他对商品的偏好（考虑到商品的特性）和价格。该理论的实质是，人们购买他们感兴趣的产品，并试图避免为它们支付过高的价格（p. 147）。该购买理论的行为版本强调，人们寻求从购买商品中获得即时快乐（收益），并努力避免支付（损失）时的即时痛苦（p. 147）。毫不奇怪，人们被假设购买利大于弊的商品。为了使用脑成像技术（尤其是fMRI）来检验，这个理论有必要进行一些修改。修改版是这样的：当个人预期其购买商品的最终影响是净有利的时候，他将会购买商品。预期影响是根据不同神经回路活动的神经影像证据确定的。越来越多的“神经影像证据表明，积极或消极的预期影响与不同神经回路的活动相关”（p. 147）。一方面，人们已经发现，对从购买中获益的预期会激活伏核（nucleus accumbens），且这种激活与自报告的积极情绪唤醒相关，从而研究者可获得对商品购买的预测。另一方面，对身体疼痛的预期会激活前脑岛，这与自报告的消极情绪唤起相关。“前脑岛被假设在损失预测中起着关键作用”（p. 147）。总之，该研究证据表明伏核和前脑岛回路的激活会影响随后的选择。

克努特森的研究目的是，确定一些脑区的预先激活能否对受试者随后购买特定商品的决定做出独立性预测（Knutson et al.，2007，

p. 148)？基于 fMRI 成像结果，研究人员能够预测到，当受试者考虑某
134 些商品时，他们会选择购买激活了与预期收益相关的脑回路的商品。同样，研究人员也能预测到，当受试者考虑价格时，过高的价格会激活他们与预期损失相关的大脑回路（p. 148）。更进一步，实验结果能够预测个人随后是否会选择购买该产品。作者声称：

> 我们假设并发现，与预期获益相关的区域（伏核）的激活与商品偏好相关，而与预期损失相关的区域（脑岛）的激活与过高的价格相关……这些发现表明，与预期收益和损失相关的大脑不同区域的激活先于购买决策，并可用于预测购买决策。(p. 152)
>
> 这些发现支持了这样一个基于历史的概念，即个人对潜在的得失存在着直接的情感反应，这是做出是否购买该商品的决策的一部分。(p. 153)

正确看待神经经济学

需要指出的是，使用如上所述的神经影像方法的研究亦存在一些局限性。首先，“我们用 fMRI 测量的信号只是大脑活动的一个代表；……这只是大脑真实活动的估计”（Coricelli and Nagel，2015，p. 151）。这意味着，当我们解释神经经济学发现时，我们必须小心谨慎，不要对发现的关系过于自信。第二，当解释“神经影像数据时，重要的是不能妄下结论，草率地认为存在一种因果关系”(p. 151)。某个大脑区域 A 导致了功能 X，这种说法可能是不正确的，也许只能说大脑区域激活和随后的行为功能之间存在相关性。可能还存在其他解释上的困难，毕竟许多大脑区域是以各种不同的方式工作的（p. 151)。其结果是，神经影像技术可以作为研究大脑过程中一项强大的、非侵入性的工具，但在使用和解释时需要非常小心。

135 神经经济学之所以重要，是因为它“提供了一个统一的框架来测量

人们在选择过程中的神经生理活动，这就打开了一扇了解人类本性的窗户”（Zak，2004，p. 1746）。

> 神经经济学的挑战是发展更多……有效的经济行为模型，将社会、文化和情感对经济决策的影响整合到一起……这样做的预期好处是：1）更好地理解社会性认知（social cognition）的大脑、认知和文化基础；2）最终可能帮助有行为缺陷的患者过上更好的社会生活；[和] 3）对理性的确切含义有更深入的理解。（Coricelli and Nagel，2015，p. 153）

参考文献

Camerer，Colin F. 2008. “Neuroeconomics：Opening the Gray Box，” *Neuron*，60（3），November 6，416－419.

Camerer，Colin F.，Loewenstein，George and Prelec，Drazen. 2004. “Neuroeconomics：How Neuroscience Can Inform Economics，” *Journal of Economic Literature*，forthcoming. Available at SSRN（https://ssrn.com/abstract=590965）.

Coricelli，Giorgio and Nagel，Rosemarie. 2015. “Responses from the Body：An Introduction to Neuroeconomics，” in Branas-Garza，Pablo and Cabrales，Antonio（eds）*Experimental Economics*，*volume 1 Economic Decisions*. New York：Palgrave Macmillan，135－153.

Damasio，Antonio R. 1994. *Descartes' Error*：*Emotion*，*Reason*，*and the Human Brain*. New York：Avon Books.

Glimcher，Paul W. and Fehr，Ernst. 2013. “Introduction：A Brief History of Neuroeconomics，” in Glimcher，Paul W. and Fehr，Ernst（eds）*Neuroeconomics*：*Decision Making and the Brain*. 2nd Edition. Cambridge，MA：Academic Press，xvi－xxviii.

Knutson，Brian et al. 2007. “Neural Predictors of Purchases，” *Neuron*，53（1），147－156.

Metcalfe，Janet and Mischel，Walter. 1999. “A Hot/Cool-System Analysis of Delay of Gratification: Dynamics of Willpower," *Psychological Review*, 106 (1), 3 - 19.

Sanfey, Alan G. et al. 2003. "The Neural Basis of Economic Decision-Making in the Ultimatum Game," *Science*, 300 (5626), June 13, 1755 - 1758.

Zak, Paul J. 2004. "Neuroeconomics," *Philosophical Transactions of the Royal Society B*, 359, November, 1737 - 1748.

第13章　迈向更人本主义的行为经济学

人本主义的行为经济学

可以说，经济学的定位需要一个更加人本化的取向。人本主义的意思是什么？人本主义是一种关注人类的思想体系，尤其是人类的行为、价值观、能力和价值。它强调动机和道德价值要建立在人的本性基础之上。人本主义同时也反映了古希腊以及古罗马的人本价值观。行为经济学是否如我在本书前几章所描述的那样是人本主义的？答案是肯定的，它有人本主义的元素。行为经济学当然比新古典经济学更具人本主义色彩。比如，赫伯特·西蒙关于人类决策的著作，以及广义上的有限理性，肯定比新古典经济学对决策和理性的描述更具有人本主义色彩。然而，我相信更人性化的行为经济学将是经济学发展的一项重要改进。近年来，一些行为经济学学者写了一些有思想深度的文章，我认为它们是 136

更人性化的行为经济学的重要基础。本章总结了这些重要著作中的三篇。这些都是相对较新的著作，因此还没有得到广泛的认可。所以，这一章不同于书中其他章节的主旨，那些章节都在整体上提出了被广泛认可的行为经济学的概念。值得注意的是，本章所总结的著作的作者都是对行为经济学做出了重大贡献的学者。下面总结的第一篇文章被称为双重动机理论。第二篇是来自阿克洛夫和希勒的《钓愚：操纵与欺骗的经济学》（*Phishing for Phools*）一书。第三篇来自保罗·扎克关于催产素及其与经济的关系的研究。

双重动机理论：人类动机的核心

双重动机理论的本质

137 人类的两个核心动机是自我利益和他人利益。理解这两种动机的出发点是保罗·麦克莱恩（Paul MacLean，1990）对大脑生理学的研究。他认为人脑有三个相互关联的模块级。大脑的第一部分，也是在进化中最早的部分，是大脑最内层的核心，即爬行动物复合体（reptilian complex），它控制着基本的生理活动，与自我保护有关（Tomer，2012，p. 78），也与自我利益动机相关。大脑的第二部分，即古哺乳类脑（paleomammalian brain），位于爬行动物脑的顶部。它保证了人类特有的哺乳动物特征，如母性关怀、父母责任、家庭生活和社会联系。这部分大脑与关怀、其他利益和共情动机有关。第三个模块脑是包裹另外两个脑的新哺乳动物脑（neomammalian brain）或新皮层（neocortex)。这部分大脑提供人类解决问题、学习、记忆、语言、思维及其相关功能的能力。根据麦克莱恩的研究，新脑皮层参与决定两个强大的核心动机——源自古哺乳动物脑的同情和源自爬行动物脑的利己主义——是如何相互关联和表达的。这种来源于麦克莱恩的研究的双重人类动机观，与主流经济学认为的人类只受自身利益驱动的观点形成了鲜明对比。①

杰拉德·科里（Gerald Cory，1999）基于麦克莱恩的大脑生理学研究，建立了一个模型来解释人类的两种核心动机是如何趋于平衡的。按照他的观点，正是大脑新皮层的执行功能，试图在自身利益和同情动机之间实现平衡，而这两者往往是相互冲突的（Tomer，2012，pp. 78－9）。科里的大脑模型包括一个内稳态过程，它倾向于减少与不平衡有关的紧张和压力，并倾向于在这两种动机之间实现有利的平衡，一种互惠、合作、公平和道德的平衡。

麦克莱恩/科里的双重动机理论（dual motive theory，DMT）对经济学中使用的人脑功能模型具有重要的启示。显然，这意味着人们有两个主要动机：自我或者说自身利益以及同理心抑或说他人利益。② 进一步来讲，这意味着双重动机理论中理性的含义不同于主流经济模型中理性的含义（Tomer，2012，p. 80）。双重动机理论模型中的理性不是简 138
单地只涉及自我效用的最大化，而是包含了既要为自己好，也要为他人好。在双重动机理论的广义理性概念中，理性行为的本质是试图过一种自身利益与他人利益结合的平衡的生活。

托马尔（Tomer，2012）提出了一种改进的双重动机理论模型，该模型融合了脑科学的最新见解。在修正后的模型中，个体的共情能力不仅由基因决定，还由个体生活经历导致的大脑变化决定。后一种现象被称为大脑可塑性；它是大脑由于环境的输入而在结构和功能上发生改变的能力（p. 81）。虽然每个人都有基本相同的大脑生理机能，但是，一

① 人类的大脑结构和脑回路经过了数百万年的进化。这三个进化的大脑模块或神经组件构成了一个层级结构，其中，整体大于部分之和（MacLean，1990，pp. 8－9；也可参见 Wilson，2006，pp. 628－629）。值得注意的是，麦克莱恩的贡献在本质上是整体性的，而不是还原性的。因此，他提供了一个关于大脑功能的整体进化系统发生的观点，这可能与以还原和比较结构功能模式工作的科学家的发现并不完全一致。这是可以预料的，并不会使他的宝贵贡献失效。即使它与进化史没有确切的联系。麦克莱恩关于三位一体大脑的概念可以被看作是一种强势方向，这种方向就是将构建大脑功能与大脑生理学进化联系起来。

② 人类从古哺乳动物大脑中产生的动机是移情的、利他的或注重其他的。这三个术语的用法大致相同。

个人的大脑功能也由他独特的人生道路所塑造。也就是说，个人的能力，例如他的共情能力，是由每个人的持续活动所塑造的，即这个人所有的身体活动、感官活动、文化活动、学习、思考、想象等（Doidge，2007，pp. 287 - 91）。在改进的人脑功能的双重动机理论模型中，人们仍然有两种主导动机（自我和同情），但是，个体的共情动机的强度和特征在很大程度上取决于个体的生活经历，以及个体是否努力发展他的共情能力。

根据琳恩等（Lynne et al.，2015）的观点，利己和同情动机之间的真实关系与双重动机理论模型所表达的关系有所不同。琳恩等认为，虽然这两种动机可能是直接冲突的，但是，通常利己动机是原始的。一个人的共情能力对利己起着抑制或制约作用，尤其是当人类自身利益需求过度时。过度的利己主义可能表现为自我主义、自私、享乐主义或贪婪行为。当这种需求过度存在时，人类可能需要更强的自控能力。也就是说，如果他们能够缓和、约束或调节自己的利己动机，那将是理想的情况。否则，经济将不可持续，因为经济将由个人的行动所主导，而这些人不考虑他们对整个公众造成的伤害（“公地悲剧”情景）（Lynne et
139 al.，2015）。在一个“良好的资本主义”中，人类的同理心以及其他人类美德发挥着非常积极的作用，理想情况下，它能引导人类做出更加平衡的行为，包括将自身利益与他人利益结合起来（McCloskey，2006）。有趣的是，正如琳恩等（Lynne et al.，2015，pp. 1 - 3）所指出的，将亚当·斯密的两本书《国富论》（1776）和《道德情操论》（1759/1790）合在一起，阐明了这一观点的本质。

社会-经济功能失调、社会问题，以及潜在的双重动机

你可能会问：上述对人类潜在因素（利己主义和同理心）的分析，与社会问题相关的社会-经济功能障碍有何关联？让我们考虑一下肥胖的问题（参见 Tomer，2016，Chapters 6 and 8）。这个问题的核心是过度的、无知的利己主义。首先，太多的食品企业以机会主义、不择手段

和贪婪的方式行事。这些企业更愿意通过销售不健康食品来不公平地利用它们的客户，而不愿意调查它们的做法是否对它们产品的消费者有害。其次，许多食品消费者也表现出机会主义和无知，他们寻求那些有诱人的、低成本的好处，但从长远来看是不健康和有害的食品。不幸的是，这两种过分利己的行为都没有受到同理心和其他美德的任何程度的调节、约束或制约。此外，积极的社会规范显然过于软弱，无法抑制过度的商业利己主义的力量。而太多的食品消费者过于关注自己的利益，无暇顾及食品企业肆无忌惮的经营行为。如果没有这些潜在的人为因素，早期的饮食经历与不断增加的肥胖和日益严重的健康问题很有可能已经被认识和扭转。但是，过度的无节制的利己主义，包括缺乏同理心和其他美德，是问题最为核心的部分，所以，尽管人们对肥胖模式和与之相关的健康科学的知识了解越来越多，但肥胖问题仍在继续。

似乎在相当多的其他情况下，潜在的核心人类因素是社会问题核心的社会-经济功能的主要罪魁祸首。当然，对于与肥胖有着非常相似病因的慢性疾病来说也是如此。但是，让我们来看看健康领域之外的一个 140
例子，一个与 2008 年金融危机有关的例子，即过度抵押贷款的例子。肆无忌惮的放贷者发放了太多的次级抵押贷款，尤其是对那些几乎没有或者根本没有能力偿还这些贷款的人，这一点并不是什么秘密。然后，这些贷款机构迅速将这些贷款出售给证券机构（Blinder，2013，pp. 68－72）。这种贷款的一个例子是，一对年收入约为 1.4 万美元的墨西哥裔美国草莓采摘夫妇，凭借抵押贷款得到了 72 万美元。他们借这笔钱买了一栋价值 72 万美元的房子（p. 69）。在此期间，许多抵押贷款机构都在发放几乎没有证明文件的“低证明文件”抵押贷款、没有证明文件的“无证明文件”抵押贷款、虚假证明文件的“欺骗性贷款”，甚至还有一些发放给没有收入、没有工作、没有资产的人的“忍者”贷款（p. 70）。这些抵押贷款机构“向财务状况不成熟的借款人发放‘旨在违约’的贷款，而这些借款人很可能不知道自己会陷入什么样的境地……（这）违反了健康银行业的所有原则，更不用谈及人类的尊严了”（p. 71）。显然，就放贷者而言，这些都是过度的利己主义横行的例子。它也没有很好地反映这些贷款的接受者的状况。显然，且不用说政府和社会的规范、监管，如果贷款人的利己主义受到其他动机的调节、约束和制约，则上述情况在很大程度上也可以避免。

培养同理心，抑制过度的利己主义

还记得麦克莱恩对大脑生理学的研究清楚地表明，利己主义和同理心都是人类与生俱来的动机，源自两个不同的大脑模块（以及大脑进化的两个不同阶段）。但是近期的脑研究发现，大脑的功能是可以改变的或者是可塑的。由此可见，共情能力以及共情能力如何与利己主义相互作用，都可能发生或好或坏的变化。我们需要改变的是人类自私、投机取巧、不择手段和贪婪的倾向，这是造成许多社会问题的根本原因。幸运的是，人类能以一种更加均衡和综合的方式发展自己的双重动机，从而使这两种核心动机能更理想地混合，这是一种包含更多同理心的混合、一种利己主义受其他利益因素制约的混合。因此，对社会来说，进行人类资本主义（human capitalism，HC）投资，以减少人类过度的
141 利己，从而减少社会-经济功能失调并纠正相应的社会问题，是很有意义的。

改善双重动机的回报

实际上，通过人类资本主义投资来衡量一个社会改善人类双重动机的回报是非常困难的，且超出了本研究的范围。然而，利用动机和社会科学知识，我们可以对回报的性质和大致规模有所了解。我们来做一个思考实验。假设现在社会能学会如何在上述潜在人类因素的投资方面取得高度成功，问题是：一个社会进行这些投资的可能回报是什么？这些投资将大大降低社会-经济功能失调，并大大减少社会问题。首先，从以上几节的分析中，我们可以得出结论：旨在改善社会双重动机的投资可以预防金融危机和大多数肥胖病，并且在很大程度上可以预防大多数

慢性病。这意味着，除其他方面外，更好的公民健康水平、更低的医疗成本、更少的医疗保险需求。此外，如果这些投资能相对减少严重的机会主义和肆无忌惮的行为，那么，另一个回报将是取消大量的金融和经济管制。当用于监管和卫生保健的资源减少时，将有更多的资源可用于其他目的。可以说，这些投资会使人们更幸福，因为他们会变得不那么利己，也就是说，更少关注他们想要的东西、更多专注于服务他人。这会在工作场所创造一个更道德、压力更小的环境，让员工更满意。结果是，人们会更加自我控制和自我导向，因此，对传统形式的外部分层控制的容忍度也会降低。可以说，这样的社会在家庭和工作方面都更有创造力。当然，应该提到的是，改善潜在的人为因素所必需的投资将会消耗掉一些资源，这些资源在计算投资净收益时必须考虑在内。唉，这只是一个想象的实验，但可以说是一个有益的实验。我认为这是有益的原因在于，实验考虑了在改善潜在人类因素方面进行成功投资可能带来的一系列好处是十分重要的，即使这样的成功很难实现。还请注意，这种
成功的人类资本主义投资的影响可能会导致传统资本主义功能的戏剧性 142
转变。传统的资本主义制度通常被认为是一种生产效率很高的制度，但是，这种制度中的道德标准在许多方面都很低。成功地投资于潜在的人类因素，无疑将创造出一种不仅生产率高，而且道德高尚的资本主义。

竞争市场中的操纵和欺骗

为什么自由竞争的市场不能很好地为我们服务？乔治·阿克洛夫和罗伯特·希勒（George Akerlof and Robert Shiller，2015）在他们的著作《钓愚：操纵与欺骗的经济学》中提出了一个理论，从不为市场参与者的利益服务的意义方面，解释了为什么竞争市场往往会失灵。在他们的解释中使用了两个与互联网相关的单词（phish 和 phool）。Phish 是试图让其他人，也就是目标人群，去做一些对网络钓鱼者有利的事情，

而不是对目标人群有利的事情。Phool 是指被成功钓到的目标人。根据作者的观点，有两种类型的网络钓鱼的受害者：心理上的和信息上的（Akerlof and Shiller，2015，p. xi)。更进一步，有两种类型的网络钓鱼的受害者。在第一种类型中，心理学上的网络钓鱼受害者的情感凌驾于他的常识之上。在另一种类型中，认知偏见，就像视错觉一样，导致受害者误解现实，而他的行为就是基于这种误解（p. xi)。注意，认知偏见包括本书第 4 章中解释的偏见。这些偏见包括易得性、锚定、代表性直觉推断、维持现状、禀赋效应和损失厌恶。最后，信息网络钓鱼受害者是指那些“对故意误导他们的信息采取行动的人”(p. xi)。

竞争市场有两个问题，也就是说，两个市场特性导致了它们的失灵。第一个问题与潜在钓鱼者面临的激励有关。根据阿克洛夫和希勒的观点，钓鱼者的基本问题不是缺乏道德或过分的利己主义。根本问题在于他们所承受的压力，由于竞争市场的激励，他们的行为不够谨慎(p. xi)。正如阿克洛夫和希勒所看到的，为了竞争和生存，即使是相对诚实的企业经理也可能会受到竞争压力的驱使而“钓鱼”（p. xii)。而那些善于自我约束、不占客户便宜的商业领袖被作者视为英雄。

143 竞争市场的第二个问题是，那些涉及作为网络钓鱼者目标的人的愚蠢本质。在阿克洛夫和希勒所描述的情景中，这些竞争性市场困难的关键在于，“(成为钓鱼者目标的）人经常做出不符合他们（自己）最大利益的决定。坦率地说，他们没有做真正对自己有益的事情；他们没有选择他们真正想要的。如此糟糕的决定使得它们有可能被钓鱼者诱骗上钩”(Akerlof and Shiller，2015，p. 1)。这些错误的决定是上述心理和信息因素共同导致的结果。由于人们的错误决定，当有机会通过网络钓鱼获得高于均衡（或高于正常）的利润时，一些潜在的钓鱼者会利用这个机会，因此许多目标人群很可能已经愚蠢地上了钓鱼者的当。这一过程有继续下去的趋势，直到达到一个新的均衡，这个均衡将不再存在高于正常利润的钓鱼机会。

为了了解市场可能会变得多么不正常，阿克洛夫和希勒以卷尾猴为例。研究表明，这些猴子可以学会如何使用金钱以及在市场上购买商品（Akerlof and Shiller，2015，p. 4）。它们可以提升价格并预期回报。想象一下这样一个实验：在没有任何监管保障的情况下，这些猴子获得了收入，并被鼓励在市场上购买商品。注意“卷尾猴抵抗诱惑的能力有限”（p. 4）。这些猴子将能够在市场上得到他们所选择的任何东西。这些猴子会怎么做？显然，它们想买什么就买什么。问题是，这些选择很可能与让它们快乐的东西大不相同。例如，我们知道卷尾猴喜欢吃包含水果卷的棉花糖（p. 4）。它们不太可能拒绝这种食物。此外，有充分的理由相信，由于它们的许多错误的选择，“它们会变得焦虑、营养不良、疲惫、上瘾，爱争吵和生病”（p. 4）。换句话说，它们的自由市场选择不会让它们过得更好。

这让我们想到了辛纳邦（Cinnabon）公司的例子，这家公司生产非常美味的带有一种诱人气味的肉桂卷，食物含有 880 卡路里的热量，并涂上了厚厚的糖霜。买肉桂卷是很诱人的，但肉桂卷可不是健康食品。辛纳邦公司的成功是一个成功进行了钓鱼的公司的例子，该公司发现许多钓鱼受害者购买其产品。这是“自由市场体系如何利用我们的弱点”的一个例子（pp. 2－3）。还有许多其他类似的公司也在这片海域进 144
行网络钓鱼。有人怀疑，如果辛纳邦没有推出肉桂卷，其他公司肯定也会推出（p. 3）。我们有充分的理由相信，消费者对辛纳邦的选择并不符合他们的最佳利益。当然，买一个肉桂卷并不是你一生中所犯的最糟糕的错误。为了更好地了解针对钓鱼受害者的网络钓鱼的全部成本，阿克洛夫和希勒提供了许多其他风险更高的例子。这些例子包括在汽车、房屋、信用卡、政治、食品、药品、创新产品、烟草、酒精和金融等领域的欺骗行为。毫无疑问，人类比卷尾猴更聪明，更有能力做出正确的选择。但正如阿克洛夫和希勒（2015，p. 4）解释的那样，在很多情况下，人类做出的选择并不比卷尾猴好多少。

双重动机观点与钓愚/目标人观点的对比

阿克洛夫和希勒对市场经济经常失灵原因的分析与侧重于人类两个核心动机的双重动机理论的分析在功能失调方面有重大的不同。在双重动机观点中，一般的结论是：当决策者的动机过于利己，并且缺乏同理心及对他人的关心时，社会-经济功能失调就会发生。这种观点通常会让我们得出这样的结论：经济决策者应为对我们不利的结果负责。与此相反，网络钓鱼（钓愚）分析侧重于竞争市场中的经济决策者以及强大的市场竞争如何引导企业利用其客户。按照这种观点，顾客更应该受到责备，因为他们有强烈的倾向做出错误的决定，这与他们的情绪、他们的认知偏见或他们拥有误导或虚假的信息有关。

经过反思，这两种理论观点可以被认为是相辅相成的。网络钓鱼的观点可能低估了商业决策者的道德责任。这种观点没有意识到，一方面，商业决策往往是以过于利己的方式做出的，而且无论市场竞争是否激烈，这类企业往往很快就能利用客户的弱点。另一方面，双重动机的
145 观点可能是错误的，因为它没有认识到客户糟糕的决策和客户无法理解或欣赏什么才是真正对他们有益的。鉴于这些对立的观点，将这两种观点结合起来是有意义的。当然，这两种观点都应该成为行为经济学的重要组成部分——一种行为经济学，这种行为经济学既要追求人本价值，又要追求使经济运行更加人性化。如果没有一种理论视角包含市场经济如何才能最好地发挥作用以及如何纠正功能失调的人性视角，一个经济体的运行就不太可能变得更加人道化。

保罗·扎克、催产素以及经济学

保罗·扎克是一位著名的经济学家，他认识到，人类行为中更柔

和、更无形的一面，对于决定一个社会或经济表现如何是非常重要的。因此，扎克发现催产素的重要性及其与经济功能的关系就不足为奇了。催产素是什么？“催产素是一种小分子，或‘肽’（在人类体内），它既是一种神经递质，在大脑中发送信号，也是一种激素，在血液中携带信息”（Zak，2012，p. 23）。催产素是已知的能控制分娩期间妇女分娩的开始，并在哺乳期间调节她的乳汁流动。扎克在他的研究中强调的是，人类血液和大脑中催产素的含量与人类对他人的关心有直接的联系，即人与人之间的相互同情或共情（p. 24）。催产素对于帮助“人类在竞争与合作之间走得更远”很重要（p. 24）。最重要的是，催产素可以促进信任。当一个人表现出信任的迹象和/或当某件事引起一个人的同情并且他们正在经历同情时，催产素在一个人的血液中涌动（p. xvii）。

虽然扎克是一位颇有成就的经济学家，但他在晚年也成为一名神经系统科学家。例如，他和两位同事做了一项研究，并在 2004 年在《纽约科学院年鉴》（*Annals of the New York Academy of Science*）上发表了一篇题为《信任的神经生物学》（The Neurobiology of Trust）的文章。本研究“探讨催产素在促进信任中的作用”（Zak et al.，2004，p. 224）。他们的研究结果与以下假设一致：“催产素（在人体血液中的水平）会随着社会信任信号的出现而上升，催产素的增加与值得信任的行为有关”（p. 224）。扎克认为，这不仅对理解人际关系非常重要，而且对理解商业生产力和经济运行也非常重要。扎克发现，在影响“繁荣的人际因素中，最令人信服的……（是）信任”（Zak，2012，p. 22）。 146
信任很重要，因为它对履行合同至关重要，（而且）能够信赖他人履行承诺，而不是欺诈或窃取（p. 22）。在扎克看来，在一个国家的经济发展中，信任比教育、获得资源等任何因素都更重要（p. 22）。此外，市场使人们更有道德，而不会使道德减少。贸易支持一种涉及催产素的良性生产率循环（pp. 159 - 160）。在这个繁荣的循环中，催产素引起移情，产生道德，培育信任，导致繁荣，再次引致催产素的产生（这个循环还在继续）（p. 160）。根据扎克的观点，道德行为实际上提高了贸易的效率，增加了其利润，如果能够合理分配，繁荣（一个更大的经济蛋糕）会减少压力，增加信任（p.160）。当然，正如扎克所认识到的那样，有许多因素会阻碍良好关系的建立，这种关系能带来持续的繁荣，并伴随着高水平的催产素。我们可以清楚地看到，扎克认为，如果经济和人际关系顺利运行，将导致高水平的催产素，并将有助于维持良性循环。当然，目标并不是高水平的催产素，但高催产素可以作为一个有价值的指标，显示经济和商业活动做得很好。

结　论

经济学需要变得更加人本化，这意味着它需要更多的理论来连接人类的核心价值观，建立理论以便帮助人们理解为什么事情会出错，为什么社会-经济会失灵。因此，借助理论能够为我们提出好的概念，这些概念是关于我们需要做些什么来改善社会-经济功能的。可以说，如果更多的行为经济学的作品以人本关怀为导向，那将是一件好事。当然，行为经济学确实在所有的一般方向上需要科学化。它需要描述性的理论和良好的实证工作。但是，也需要一种规范性的理论，这种理论是与人类本性，甚至是对智慧更深层次的理解相关。所以，它有时需要一个高层次的概括，以试图捕获那些更高层次的真相。然而，实现这一目标并不容易，而且，对智慧的渴望也不一定会实现。

参考文献

Akerlof, George A. and Shiller, Robert J. 2015. *Phishing for Phools: The Economics of Manipulation and Deception*. Princeton: Princeton University Press.

Blinder, Alan S. 2013. *After the Music Stopped: The Financial Crisis, the Response, and the Work Ahead*. New York: Penguin Books.

Cory Jr, Gerald A. 1999. *The Reciprocal Modular Brain in Economics and Politics: Shaping the Rational and Moral Basis of Organization, Exchange and Choice*. New York: Kluwer Academic.

Doidge, Norman. 2007. *The Brain That Changes Itself: Stories of Personal Triumph from the Frontiers of Brain Science*. London: Penguin Group.

Lynne, Gary D., Czap, Natalia, Czap, Hans and Burbach, Mark. 2015. "Empathy Conservation: Toward Avoiding the Tragedy of the Commons," *Review of Behavioral Economics*, forthcoming.

MacLean, Paul. 1990. *The Triune Brain in Evolution: Role in Paleocerebral Functions*. New York: Plenum.

McCloskey, Deirdre. 2006. *The Bourgeois Virtues: Ethics for an Age of Commerce*. Chicago: The University of Chicago Press.

Smith, Adam. 1776. *An Inquiry into the Nature and the Causes of the Wealth of Nations*. E. Cannan (ed) New York: Modern Library, 1937.

Smith, Adam. 1759/1790. *The Theory of Moral Sentiments*. 6th Edition. D. D. Raphael and A. L. Macfie (eds) Indianapolis, IN: Liberty Classics, 1982.

Tomer, John F. 2012. "Brain Physiology, Egoistic and Empathic Motivation, and Brain Plasticity: Toward a More Human Economics," *World Economic Review*, 1 (1), 76 - 90.

Tomer, John F. 2016. *Integrating Human Capital with Human Development: The Path to a More Productive and Humane Economy*. New York: Palgrave Macmillan.

Wilson, D. R. 2006. "The Evolutionary Neuroscience of Human Reciprocal Sociality: A Basic Outline for Economists," *Journal of Socio-Economics*, 35, 626 - 633.

Zak, Paul J., Kurzban, Robert, and Matzner, William T. 2004. "The Neurobiology of Trust," *Annals New York Academy of Science*, 1032, 224 - 227.

Zak, Paul J. 2012. *The Moral Molecule: How Trust Works*. New York: Penguin.

第14章 行为经济学的趋势

引 言

148 如同任何具有科学性的学科一样，行为经济学也随着时间的推移而发生着变化。研究人员通过新的研究成果发现新的事实，并且产生新的观点。年轻的研究人员进入这一行列后，他们看到的这个世界或许与经验丰富的研究人员看到的完全不同。一些年轻人倾向于循规蹈矩地从事正常的科学研究，而另一些年轻人喜欢大胆创新地开展相关研究。一些研究符合当前的政治和社会规范；而另一些将挑战传统规范。我们很难预测科学将如何演变，研究进展将主要是围绕传统方向的还是带有革命性因素，我们都无从知晓。因此，我们很难胸有成竹地预测行为经济学的未来走向。我们所能做的就是点出一些重要的新研究。这些新研究可能预示着将来会发生什么。这是因为，在不久的将来，研究人员很可能会追随那些曾经成功过的学者的脚步，原因就是这些学者最近的研究获得了认可。下面我将指出并对一些重要的新研究成果进行解读，这些成果很有可能成为行为经济学以后发展的重要趋势。当然，本人也并未声称对最近的行为经济学研究做过全方位细致的调查。

政治或意识形态的因素

政治或意识形态因素可以影响正在进行的研究以及该研究的结果。我们考虑一下有关公共政策的研究，即所谓的“助推”。最初，提倡和解释说明助推的研究受到人们广泛的认可。现在在某些领域，出现了对助推批判和质疑的观点。由谢尔佐德·阿卜杜卡迪罗夫（Sherzod Abdukadirov）在 2016 年编著的《行为中的助推理论》（*Nudge Theory in Action*）一书就是采用这种批判和意识形态观点的一个典型例子。这本书的核心就是新古典的假设，即人们是理性的或者通过努力可以达到理性；因此，人们应该独自处理他们的问题和错误。这是因为，遇到困难 149
的人被期望与他们的问题作斗争，结果通常是能找到可行的解决办法。根据作者的说法，这比依赖政府的助推要好得多，政府的助推往往涉及违反伦理戒律，尤其是涉及反对强迫和操纵的道德规则的戒律。阿卜杜卡迪罗夫书中的文章作者几乎一致对市场活动以及反对政府活动持有强烈的偏见或偏爱。由于“助推”的倡导者往往强调的是政府使用“助推”行事，本书的作者倾向于反对“助推”的观点。按照他们的观点，“助推”与监管、强势的家长式作风、利用税收和补贴作为激励手段等密切相关。本书的作者反映了他们的政治和意识形态倾向，他们很难理解，与行为经济学研究结果一致的人怎么会有心理偏见，导致做出既不符合自己最大利益，也不符合所在社区、地区或国家利益的决定。作者还倾向于对政策制定者设计有效的道德助推的能力抱有极度的怀疑。此外，作者对社会问题很不理解，尤其是当这些问题既涉及个人层面，又涉及社会层面时。肥胖就是一个例子，作者倾向于把肥胖的原因归结为缺乏个人理性和自我控制。他们很难理解肥胖问题涉及非常重要的社会经济和社会价值层面。换句话说，他们没有意识到肥胖与社会经济功能失灵有关。我猜想，在这种批判性的、意识形态的脉络下，还会有更多的相关研究产生。

拉杰·切蒂的行为经济学方法

拉杰·切蒂（Raj Chetty）是一位相对年轻的经济学家，他的研究工作非常富有成效。因此，研究他对于行为经济学的一般方法和他的方法如何在他的一些重要研究项目中进行运用，是很有意思的一件事。最重要的是，切蒂关于行为经济学的研究方法是从务实的、面向政策的角度出发的：

> 实用主义的方法不像新古典经济模型的假设那样提出核心研究问题，而是从一个政策问题开始，例如，我们如何才能提高储蓄率？并纳
> 150 入行为因素，以改善经验预测和政策决策。（Chetty，2015，p. 1）

切蒂非常赞成把行为经济学纳入他的分析。但是，他认为他关于行为经济学实用主义的观点“代表了新古典经济学方法的自然发展（而不是挑战）”（p. 1）。切蒂还认为，行为经济学“提供了可以用来影响行为的*新政策工具*”（p. 1）。此外，他发现，“行为经济学可以更好地预测现有政策的影响”，并且行为经济学还会“产生新的福利内涵”（p. 2）。值得注意的是，在切蒂最近的一些应用微观经济学研究中，他使用了一种大数据方法，包括使用包含数百万个观察的管理数据集。这与经济学日益成为一门经验性科学的趋势是一致的（p. 5）。与此相一致，切蒂认为，“经济理论将（日益）更直接地受到证据的影响”，而“行为经济学务实的方法……可能会变得更加普遍”（p. 5）。因此，有相当多的理由相信，其他经济学家会发现，追随切蒂的脚步是值得的。

几年前，切蒂和他的一些美国及丹麦的同事一起开始了一项关于雇员退休储蓄计划的研究（Chetty et al.，2014）。促使这项研究的问题是，大家担心许多人没有为退休攒够钱。鉴于这种担忧，政策制定者对政府能做些什么来提高家庭储蓄率很感兴趣。新古典经济学对这一问题的思考强调了对储蓄激励的运用。因此，“增加退休储蓄的传统方法是补贴退休账户中的储蓄”（p. 10）。在美国，这意味着符合条件的退休储蓄账户的收入可以免税。这种以新古典经济学为导向的政策能否提高储蓄？由于缺乏可靠的数据以及所使用的新古典经济学模型不能很好地预测所观察到的储蓄行为，以往有关这方面的研究成果遇到了麻烦（p. 10）。当切蒂和他的同事能够获得 1995—2000 年所有丹麦公民储蓄的数据时，数据问题就解决了；这个数据集包含了 4 100 万个观测数据（p. 10）。特别令人感兴趣的是，丹麦政府在 1999 年降低了对存入养老金的收入的减税。研究人员发现，退休储蓄总额随后大幅下降，似乎与预期相符。然而，通过进一步的调查研究发现，许多个体（约 81%） 151
的养老金缴款没有变化。另外 19%的人几乎完全停止缴纳养老金。这与新古典经济学模型相矛盾。调查显示，81%的人是“被动的”或无反应的储蓄者，而其他 19%的人是“积极的”储蓄者（p. 11）。随后，切蒂和他的同事评估了停止缴纳养老金的 19%的人是减少了他们的总储蓄，还是将他们的养老金转移到了其他账户。他们发现，几乎所有减少的养老金缴款都被转移到了其他账户（pp. 11 - 12）。综上所述，研究人员发现，大多数退休储蓄者是被动的，尽管一小部分人（“老练的”退休储蓄者）是主动的。这并不支持新古典经济学的储蓄理论。新古典经济学理论假设所有人都在优化。随着储蓄税收激励的改变，新古典经济学理论肯定预测，所有的个人都会对减少的激励做出反应，从而降低他们的储蓄。从这些结果中我们可以得到什么教训？那就是：

> 新古典主义模型所建议的标准工具……在提高储蓄率方面并不十分成功，因为它们似乎只会诱使一小群财务经验丰富的个人做出反应，而这些人只是在账户之间转移资产。这些结果自然会导致这样一个问题：

> 其他政策工具（或许是那些直接针对被动储蓄者的政策工具）能否更有效地增加储蓄？（Chetty et al.，2014，p. 12）

哪些政策工具对提高退休储蓄率最有意义？正如第 7 章所解释的，增加储蓄可通过让员工自动加入它们的储蓄计划来助推，即，让员工默认在计划中登记，但也允许员工有选择退出计划的权利。事实证明，大量的研究证据显示，尽管个人激励机制没有改变，但是，储蓄计划默认对员工向退休账户缴纳的金额有很大影响（Chetty，2015，p. 12）。根据最近的研究，当雇主采取这种默认行为时，雇员参加 401（k）养老金计划的比例会从雇员的 20%增加到 80%。要核实这些发现，“关键是要确定这些增加的退休金是不是以减少非退休账户的储蓄为代价，或者是实际诱使的个人减少的消费”（p. 12）。切蒂等（Chetty et al.，2014）能够解决这个问题，得益于他们使用的丹麦数据包含了这些员工
152 所有账户的储蓄信息（p. 12）。如果员工“是‘被动储蓄者’，他们对自己的退休计划不感兴趣，只是遵循默认选项”，那么自动登记将导致他们增加退休储蓄（p. 13）。“这项［研究］工作的更广泛的［务实］启迪是，默认使得通过补贴无法实现的目标成为可能”（p. 14）。这种理解只有在个人选择是被动的行为模型，即没有回应或最优化的背景下才有意义。

与他在退休储蓄方面的工作类似，切蒂的经验行为经济学研究包括以下主题：1）简化个人健康保险计划选择的重要性；2）如何帮助大学申请者，使他们在完成申请后能大大提高入学率；3）教师激励机制的框定使得学生未能提高他们的学分，将导致教师返还事先宣布的奖金；4）向家庭发送信件，告知他们相对于邻居的能源使用情况，以便进行社会比较，从而可以刺激他们节约能源（Chetty，2015，p. 16）。在每一种类型的研究中，“目标都是评估［这个］新政策工具的效率……而不是测试新古典经济学或行为模型的特定假设”（p. 16）。

开展在线实验

本书第 10 章题为“行为经济学的经验方法”，论述了“行为经济学家广泛使用的经验方法”，尤其是在实验室中进行的实验方法。其中未提及一种新的实验方法，也就是涉及在线实验的方法。在这些实验中，没有物理的实验室，也没有实验对象要来到的地方。阿雷查尔、盖西特和莫勒门［Arechar，Gachter，and Molleman（AGM），2016］撰写的一篇题为《在线进行交互实验》(Conducting Interactive Experiments Online）的文章，对这样的实验如何工作，以及它们如何不同于实验室的实验提供了一个很好的解释。

为了进行在线实验，研究人员必须采用在线劳动力市场，如亚马逊土耳其机械（MTurk），该公司越来越受到实验研究人员的欢迎（Arechar et al.，2016，p. 2）。“由于它们的劳动力市场拥有庞大而多样化的 153
人力资源，可以迅速完成有偿任务，因此，它们为研究人员提供了招募实验参与者的新机会”(p. 2)。通过对实验室实验与网上实验进行仔细比较，发现网上获得的数据与实验室获得的数据一样可靠（p. 2)。

在过去，行为在线研究在很大程度上局限于非交互式决策制定任务或同时进行决策的一次性博弈。最近，研究人员开始进行在线互动实验，让一组参与者相互互动不止一次（p. 2)。这种互动参与对整个实验过程都提出了新的挑战。其中，一个重要的挑战是参与者的退出。虽然在物理的实验室中，受试者很少离开一个会话，但是，在线实验更容易面临被试者的退出，这既影响了退出者，也影响了他们的互动伙伴(p. 2)。

为了比较在线实验和实验室实验，AGM 进行了一个可重复的公共物品博弈。这个比较涉及一个相当长且复杂的实验，其中，两个实验条件各有 10 个周期，并且在前 10 个周期后有新的指令（Arechar et al.，

2016，p. 3）。AGM 发现，在线实验和实验室实验的基本行为模式非常相似。比较重要的结果是，在实验的网络版中，受试者的退出率更高。尽管如此，研究结果表明，在线互动实验是一个可靠的收集有效数据的工具，因此，对于物理的实验室是一个有效的补充（p. 3）。

在比较中使用的公共物品博弈是一个为期 10 期的博弈，所有参与者被分成 4 人一组，每个成员同时各获得一笔捐赠，例如，20 分，他们必须决定保留多少分，以及为一个团体项目贡献多少（公共物品）。在所有成员做出决定之后，对总贡献的公共物品乘以 1.6，再平均分配给所有的成员（Arechar et al.，2016，p. 4）。这涉及一个社会困境，因为当每个群体的成员都把自己的所有分数贡献给公益事业时，整体收入最高。与此同时，任何个人都可以通过贡献 0 分来最大化他们自己的收入（p. 4）。

参与者的在线样本是通过亚马逊土耳其机械公司招募的。在线参与
154 的费用为 1 美元，在线参与者的平均年龄为 31.5 岁，其中，38.1%为女性。在线受试者在一次研究中的平均收入为 6.69 美元，通过亚马逊土耳其机械公司支付（Arechar et al. 2016，p. 5）。如前所述，亚马逊土耳其机械公司是一个非常大的在线劳动力市场；它提供了 50 多万名活跃的人员（p. 16）。亚马逊土耳其机械公司的工作人员浏览已发布的预定在线研究机会列表，并决定他们将为其中的哪一个提供服务。研究人员之所以能够进行大规模的实验，是因为有大量的人员可以通过这些研究任务获得报酬（p. 6）。如上所述，“对于在线互动实验最严重的问题，以及实验室实验最大的不符就是损耗（受试者退出）”（p. 10）。这是因为没有简单的方法可以阻止参与者离开一个实验局。有些受试者中途退出是因为在实验过程中可能会遇到各种各样的网页延迟。这些延迟可能会让在线受试者感到气馁，因此，一些受试者会退出已经开始的实验（p. 11）。

尽管在线实验中受试者的退出率相对较高，但对于实验数据来说，退出率并不是一个大问题。退出的人与没有退出的人没有明显的不同

(Arechar et al.，2016，p. 17)。“尽管受试者退出在在线实验中是一个严重的麻烦，但它并没有影响数据的内部有效性，因为损耗与实验中发生的事情无关”(p. 18)。

由于在线研究者所体验到的实验结果相对较好，预计未来会有更多的在线研究出现。

促进健康的助推

现在有越来越多的有关助推和医疗保健的文章发表、书籍出版，对此有几个很好的理由可以解释。其一是人们越来越认识到助推医疗保健的重要性：

> 如果人们不吸烟，少喝酒，吃更健康的饮食，多运动，就会大大减 155
> 轻人们患慢性疾病，如癌症、心脏病和Ⅱ型糖尿病的巨大负担。能够助推民众改变其行为的前景，引起了全球政策制定者的极大兴趣。(Marteau，2011，p. 263)

人们所面临的问题是，尽管他们重视自己的健康，但他们仍然坚持那些引起健康问题的行为。部分原因是，人们不善于利用他们所具有的认知能力，以目标为导向的方式来仔细思考他们需要怎样行动才能获得高水平的健康。另一部分原因是，人们倾向于依赖他们自动的、感性的（系统 2）思维（p. 263)。换句话说，他们的决策往往是由即时的感觉和环境所触发的。

助推可以帮助人们改善他们的健康行为，而不需要涉及政府立法、监管和改变激励机制的干预措施。这就是助推的魅力所在；“它提出了一套看似简单、成本低廉的解决方案，这套方案不需要立法，并且可以应用于因我们的行为而产生的一系列广泛问题”（p. 263)。通过行为调查发现，助推的新方案正在迅速增长。在美国，这些新方案使用了诸如披露、警告和默认规则等工具，它们能够被发现用于许多领域，包括燃料经济学、能源效率、环境保护、医疗保健和肥胖问题（Sunstein，2014，p. 12）。在英国，他们的行为洞察队的工作借鉴了行为经济学和心理学领域越来越多的学术研究的深刻见解，这些研究表明，决策框架方式的微妙变化会对人们如何应对这些变化产生重大影响（p. 12）。其他国家现在也对助推感兴趣，并正在启动政府项目，以促进助推对经济增长的影响（pp. 12 - 13）。正如第 7 章所提到的，2014 年的一项研究发现，“全世界有 136 个国家将行为科学纳入公共政策的某些方面，并且‘51 个国家制定了中央指导的政策倡议……受到新行为科学的影响’”（Thaler，2015，p. 344）。鉴于此，人们对提高健康的助推兴趣越来越大，而且与助推提高健康有关的研究也越来越多，这已经变得不足为奇了。

希望未来的助推研究和助推计划能遵循理查德·塞勒的智慧。他提醒我们，助推只是工具（Thaler，2015，p. 345）。“怀有不良意图的企业或政府可以利用行为科学的结果为自己服务，牺牲的是那些被推来推去的人们”（p. 345）。我们要确保我们的“助推是有益的”，即助推使世界变得更美好（p. 307）。这包括“基于科学严谨的经过仔细选择的助推，然后，对这些干预措施进行严格的测试”（p. 345）。

经济学家应该是水管工吗?

156 埃丝特·迪弗洛（Esther Duflo，2017）最近指出，经济学家在试图帮助政府设计新政策和法规时，往往对自己的角色有过于狭隘的认识。这一点很重要，因为经济学家们正越来越多地获得这样的机会来帮助世界各国政府。经济学家通常认为自己是关注全局或广义设计的科学家。然而，越来越明显的是，为了在政府事务中取得成功，经济学家们将不得不承担更广泛的责任，并“专注于他们的模型和理论不能提供更多指导的许多细节”（p. 1）。这有两个原因：

首先，事实证明，政策制定者很少有时间或意愿专注于……［细节］，并倾向于根据直觉来决定如何解决这些问题，而不太考虑证据。因此，搞清楚所有这些问题，并不是经济学家在提交报告后就可以交给政策制定者去做的事情……其次，作为经济学家，我们可能认为相对不太有趣的细节，实际上在决定一项政策或监管的实际影响方面却非常重要，而我们最担心的一些理论问题可能没有那么重要。（Duflo，2017，p. 1）

这里有一个棘手的问题：

关注政策细节需要那种与研究生院灌输给经济学家的方式略有不同的理念体系……经济学家……倾向于以“机械的模式”思考：他们想找出启动机器的按钮……这是问题的“根本原因”。（Duflo，2017，pp. 2 - 3）

此外，经济学家有一种强烈的倾向，认为关注许多细节和复杂问题，更适合那些薪资水平远低于他们的人（p. 3）。因此，迪弗洛认为，经济学家需要更多的“管道维修思维”。“经济学家-水管工站在科学家和工程师的肩膀上……她更关心‘如何’做事情，而不是‘为什么’做”（p. 3）。相反，工程师则从一般原理出发，并将其应用于具体情况。“水管工……比工程师更进一步的是：她在现实世界中安装机器，仔细观察发生了什么，然后根据需要进行修补”，以解决细节问题 157
（p. 5）。当经济学家未能在必要时扮演工程师或水管工的角色时，他们就落入了与观念、无知和惰性相关的陷阱。此外，“政策制定者倾向于基于当时的观念来设计方案，而完全忽视了该领域的现实，一旦这些政策到位，它们就会原地不动了”（p. 13）。

管道问题对公共政策至关重要的原因之一是：

公民（或所谓的政策受益者）是普通人，他们的目标相互冲突、信息有限、注意力有限、意志力有限。这意味着，策略呈现和实现的特定方式可能对它们是否有效产生巨大的影响。（Duflo，2017，p. 15）

管道问题重要的另一个原因与那些负责执行政策的人有关。这些政府工作人员也是人。因此，他们也有许多与公民相同的局限性，他们可能没有太多的动机去努力工作，或为了最终受益人的最大利益而工作。

除了迪弗洛提出的为什么经济学家应该更像水管工的观点外，她还举出了许多例子，说明经济的管道是如何重要和有益的。她的例子包括：1）发展中国家的城市缺乏家庭用水；2）为美国《平价医疗法案》（Affordable Care Act）设计健康互换机制的困难；3）设计包括激励方案和政府监管在内的市场；4）改变学生被分配到学校的方式（波士顿）；5）解决与印度尼西亚政府大米分销计划有关的问题；以及6）试图改善印度喀拉拉邦不断上涨的医疗费用和非传染性疾病的状况（Duflo，2017）。从本质上讲，迪弗洛认为，“管道维护应该成为我们职业的固有部分：我们（经济学家）对此有充分的准备，在这方面相当擅长，这也是我们如何让自己”在解决全球许多问题方面“发挥作用的方式”（p. 31）。

结　论

本章提供了一些表征当前行为经济学趋势的研究类型的例子。因为行为经济学在许多方向上继续成长和发展，有许多不同种类的研究正在
158 发生。以上提供的研究例子固然有趣，但只是当今发生在行为经济学领域的冰山一角。

参考文献

Abdukadirov，Sherzod（ed）2016. *Nudge Theory in Action：Behavioral Design in Policy and Markets*. New York：Palgrave Macmillan.

Arechar，Antonio A.，Gachter，Simon and Molleman，Lucas. 2016. “Conducting

Interactive Experiments Online," Available on the Social Science Research Network, December.

Chetty, Raj. 2015. "Behavioral Economics and Public Policy: A Pragmatic Perspective," National Bureau of Economic Research Working Paper 20928, Prepared for the Richard T. Ely Lecture (American Economic Association) .

Chetty, Raj et al. 2014. "Active vs. Passive Decisions and Crowd-out in Retirement Savings Accounts: Evidence from Denmark," *Quarterly Journal of Economics*, 129 (3), 1141 - 1219.

Duflo, Esther. 2017. "The Economist as Plumber," Paper based on the Ely lecture Delivered at the American Economic Association meeting, January.

Marteau, Theresa. 2011. "Judging Nudging: Can Nudging Improve Population Health?," *British Medical Journal*, January 29, 342, 263 - 265.

Sunstein, Cass R. 2014. *Why Nudge? The Politics of Libertarian Paternalism.* Connecticut: Yale University Press.

Thaler, Richard H. 2015. *Misbehaving: The Making of Behavioral Economics.* New York: Norton.

第15章 总结

159 第2章提出了行为经济学是不是一种新范式，或许是一种更优越的范式的问题，它可能会取代当前新古典经济学的范式。第2章也考虑到了行为经济学的科学实践与新古典经济学的科学实践有何不同。显然，行为经济学和新古典经济学之间存在着根本的区别。例如，新古典经济学的行为假设与行为经济学的那些假设之间就存在明显差异。而且，行为经济学和新古典经济学的科学方法也很不一样。新古典经济学强调实证主义哲学和严谨的数学方法。另外，行为经济学反对实证主义，强烈接受跨学科的社会科学，并且发现其更少使用数学。一般来说，与行为经济学相比，新古典经济学是更狭隘、僵硬、不宽容、机械、独行和个人主义的。基于此比较，有一个强有力的论据，即科学实践迫切需要行为经济学构建一个新的范式。

让我们考虑一下有关已经发生并且似乎正在发生的科学变化的整体情况。在我回顾了所有这些之后，近年来，范式变化的前景似乎一点也不清晰。为了更好地理解这一点，考虑将所有行为经济学家按照一个谱系排列是有益的。在谱系的低端将是只采取了相对较少的与行为经济学相关的科学实践的经济学家。在谱系高端将是采用了非常大量的行为经济学科学实践的经济学家。马修·拉宾（Rabin，2002）毫无疑问是位于这个谱系低端的一位经济学家，他是一位领先的行为研究者。他表达了他的观点，认为新古典经济学和行为经济学的主要区别在于，行为经济学的假设比新古典经济学的假设心理现实主义更强。拉宾在很大程度上并不批评新古典经济学方法。像拉宾这样的经济学家喜欢用大量的新古典经济学方法表现心理现实主义。还有一些人，如赫伯特·西蒙的追随者们，则赞成一种本质上不同于新古典经济学的行为经济学，即在许多方面都不同的一种行为经济学。如今，行为经济学家显然有很多种。当然，大多数行为经济学家在光谱的中间都有自己的定位。下面是两个 160
例子。

想想年轻的哈佛经济学教授拉杰·切蒂的行为经济学取向吧。如第14章所述，切蒂对行为经济学和新古典经济学之间的区别有一个实用主义的观点。他的观点是，“行为经济学代表新古典经济学方法的一个自然进程（而不是一个挑战）”（Chetty，2015，p. 1）。他认为，“行为经济学最好被视为所有经济学家工具箱的一部分（就像应用理论中的其他工具一样），而不是作为一个单独的子域［或范式］”（p. 37）。切蒂发现行为经济学是非常有用的，“在某种程度上……［它］改善了经验预测和政策决定”（p. 1）。尽管切蒂使用了行为经济学工具，但他认为，“新古典主义模型仍然是大多数经济应用的基准”（p. 1）。

理查德·塞勒（Thaler，2016，p. 1）是一位比切蒂更彻底的行为经济学家，但他不认为行为经济学代表了“一场范式转换革命”。在他看来，“行为经济学的方法论让经济学的思维回到了始于亚当·斯密的方式”（p. 1）。塞勒强调有“利用代表性参与人心理描述的历史先例”（p. 1）。在他看来，行为经济学的意义在于，它在模型中考虑了那些“被认为是不相关的因素”（通常源于非经济社会科学的因素）的重要作用，而新古典经济学不考虑这些。根据塞勒的观点，如果每个人［所有的经济学家］都将决定经济行为的所有因素［包括那些被认为不相关的因素］纳入他们的模型，那么，行为经济学这一领域将不再存在（p. 1）。在这种情况下，经济学于是将成为亚当·斯密开创的“那种思想开明、直观上进（open-minded，intuitively motivated）的学科”（p. 19）。

如上所述，行为经济学正如它今天存在的那样，毫无疑问，它可能具有成为一个新的成熟范式的潜力，但是，在不久的将来似乎它还无法实现这种潜力。存在于所有经济学家之间的观点和科学实践的巨大差异，似乎暂时排除了一场科学革命的可能性。

参考文献

Chetty，Raj. 2015. “Behavioral Economics and Public Policy：A Pragmatic Perspective，” National Bureau of Economic Research Working Paper 20928，Prepared for the Richard T. Ely Lecture（American Economic Association）.

Rabin，Matthew. 2002. “A Perspective on Psychology and Economics，” *European Economic Review*，46，657－685.

Thaler，Richard H. 2016. “Behavioral Economics：Past，Present，and Future，” Available on the Social Science Research Network，May 27.

索 引*

* 所注页码为英文原书页码，即本书边码。

F

G

H

I

J

N

O

P

Q

R

S

Advanced Introduction to Behavioral Economics by John F. Tomer
Copyright © John F. Tomer 2017
This edition arranged with Edward Elgar Publishing Limited (EE) through BIG APPLE AGENCY, INC., LABUAN, MALAYSIA.
Simplified Chinese edition copyright:
© 2022 China Renmin University Press Co., Ltd.
All Rights Reserved.

图书在版编目（CIP）数据

行为经济学高阶导论/（ ）约翰 F. 托马尔著；贺京同译. --北京：中国人民大学出版社，2022.3
ISBN 978-7-300-29775-0

Ⅰ.①行… Ⅱ.①约…②贺… Ⅲ.①行为经济学 Ⅳ.①F069.9

中国版本图书馆 CIP 数据核字（2021）第 177913 号

"十三五"国家重点出版物出版规划项目
行为和实验经济学经典译丛
行为经济学高阶导论
约翰·F. 托马尔 著
贺京同 译
Xingwei Jingjixue Gaojie Daolun

出版发行	中国人民大学出版社		
社　　址	北京中关村大街 31 号	**邮政编码**	100080
电　　话	010－62511242（总编室）		010－62511770（质管部）
	010－82501766（邮购部）		010－62514148（门市部）
	010－62515195（发行公司）		010－62515275（盗版举报）
网　　址	http://www.crup.com.cn		
经　　销	新华书店		
印　　刷	北京昌联印刷有限公司		
规　　格	155 mm×230 mm　16 开本	**版　　次**	2022 年 3 月第 1 版
印　　张	12.75 插页 1	**印　　次**	2022 年 3 月第 1 次印刷
字　　数	173 000	**定　　价**	48.00 元

版权所有　侵权必究　　印装差错　负责调换